Mit Dolch, Schlinge, Gift, Pistole, Gewehr und Dynamit

D1668987

Wieland Becker

Mit Dolch, Schlinge, Gift, Pistole, Gewehr und Dynamit

Zur Historie der Attentate, zu deren Platz in den
zeitgeschichtlichen Entwicklungen und deren
Auswirkungen

Engelsdorfer Verlag
Leipzig
2012

Bibliografische Information durch die Deutsche Nationalbibliothek:
Die Deutsche Nationalbibliothek verzeichnet diese Publikation in der
Deutschen Nationalbibliografie; detaillierte bibliografische Daten sind im
Internet über http://www.dnb.de abrufbar.

ISBN 978-3-86268-737-4

Inhaltsübersicht

Vorbemerkungen

Bei „wikipedia" ist eine Chronik der Attentate zu finden, die über Seiten hin auflistet, wer wann seit der Herrschaft der Pharonen im alten Ägypten gewaltsam zu Tode kam – Pharaonen, Kalifen, Kaiser, Könige, Prinzen, Staatsoberhäupter, führende Politiker, Rebellen, Revolutionäre; desgleichen gibt es eine Aufzählung von versuchten Attentaten auf jene, die der Tod nicht ereilte.

Diese – verdienstvolle – Chronik, die alle diese Personen und ihren Tod oder ihr Überleben auflistet, summiert das alles als Attentate. Diesbezüglich sind Zweifel angebracht. Ist jeder ermordete Herrscher oder alle anderen genannten wirklich Opfer eines Attentats?

Gibt es bestimmende Muster für ein Attentat? Wer ist wirklich ein Attentäter? Gibt es grundlegende Unterschiede in der Motivation der Täter oder einer Gruppe, die ein Attentat plant und durchführt?

Und nicht zuletzt – was sind die Folgen, Wirkungen und Konsequenzen von Attentaten?

Die nachfolgenden Betrachtungen und Analysen von Attentaten sind ein Versuch, diese Fragen zu beantworten...

Wenn sich etwa während einer Familienfehde die Kontrahenten gegenseitig mit vergiftetem Tee umbringen, kann man diesen Vorgang als ein Attentat definieren, auch wenn die betreffenden Herrschaften hoch wohl geborenen Häusern angehören? Mit Bestimmtheit nicht. Hier handelt es sich um profanen Mord in Tateinheit mit Habgier.

Und nicht jeder, der bewaffnet durch die Gegend zieht und Menschen, die ihm zufällig begegnen, ersticht oder erschießt, ist damit nicht etwa gleich ein Attentäter, sondern nichts weiter, als ein mordgieriger Räuber.

Jeder Attentäter – ob Einzeltäter oder in einer Gruppe – hat immer ein oder mehrere Motive, meist eindeutig politische, gelegentlich auch nationalistische. Sie sehen im Attentat die einzige Möglichkeit, ihre Ziele durchzusetzen, weil sie überzeugt sind, dass es keine anderen Möglichkeiten gibt, um zu erreichen, dass die Zielperson(en) ihr politisches oder soziales, juristisches usw. Handeln ändern. Die Bandbreite der Motive reicht vom

Versuch, Gerechtigkeit zu erzwingen bis zur Ermordung von Persönlichkeiten, die für Gerechtigkeit eintreten. Die Bereitschaft zum Attentat kann sich aus einer Verknüpfung von Verzweiflung, Hilflosigkeit, Hass und Bereitschaft zur Selbstaufopferung ebenso herausbilden, wie aus einem rationalen Kalkül, verbunden mit kaltblütiger Professionalität. Gemeinsam ist diesen Attentaten, dass sie in aller Heimlichkeit vorbereitet werden müssen…

Über Urheber und ihre Werkzeuge – verwischte Spuren – Indizien und Schlussfolgerungen

Attentate, die im Auftrag von Machthabern, von hohen staatlichen Institutionen, insbesondere von Geheimdiensten geplant und ausgeführt werden, waren schon immer schwer zu beweisen. Bei diesen Attentaten fehlten nicht nur Dokumente, da in der Regel keine schriftlichen Zeugnisse aufgefunden werden konnten, weil es sie definitiv nicht gab, es existierten keine Abhörprotokolle oder Spitzelinformationen und lästige Zeugen konnten entweder eliminiert oder diskreditiert werden, sodass ihnen – wenn sie aussagten – kein Gericht Glauben schenkte.

Es ist sicher kein Zufall, dass ein *exemplarischer* Fall hierfür in den 30er Jahren – der Zeit der despotischen Herrschaft Stalins und seines Geheimdienstes NKWD – zu finden ist, dessen Aufklärung nach über zwanzig Jahren erstmals versucht wurde. Als solcher steht er deshalb an dieser Stelle.

Der Tod Sergei Mironowitsch Kirows am 1. Dezember 1934 in Leningrad

Sergei Kirow[*], geboren am 27. März 1886 wurde wenige Monate vor seinem 49. Geburtstag im Smolny, seinem Amtssitz in Leningrad, von einem gewissen Leonid Nikolajew erschossen.

Die Umstände seines Todes sind bis heute nicht vollständig geklärt. Schoss wirklich ein Einzeltäter auf den von Leibwächtern geschützten Kirow? Warum erschoss Nikolajew Kirow? Gab es in Wahrheit mächtige Hinter-

---

[*] Informationen zu den genannten Personen in diesem Abschnitt siehe Abschnitt „Ausgewählte Kurzbiographien"

männer für den Mord? Kam das Attentat vor allem dem Despoten Stalin mehr als gelegen? War es Stalin selbst, der dafür sorgte, dass Kirow sterben musste?

Nahezu alles, was bisher über den Tathergang und die Instrumentalisierung von Kirows Tod bekannt geworden ist, führt in der Konsequenz zu Stalin.

Sergei Kirow gehörte zu der Gruppe junger Funktionäre, die in den Jahren von der Oktoberrevolution bis zum Ende des Bürgerkrieges nicht führend in Erscheinung getreten waren. Sein politischer Aufstieg verlief erst in den Jahren danach steil nach oben. Nach Sinowjews Ablösung von der Funktion des Sekretärs der Leningrader Parteiorganisation folgte ihm Kirow in dieser herausgehobenen politischen Funktion. Die Leningrader Parteiorganisation besaß einen besonderen Einfluss auf die Politik der Parteiführung[*], nicht nur, weil die Stadt der Ort des Beginns der Oktoberrevolution von 1917 war, sondern ebenso, weil sie zu den industriellen Zentren mit einer organisierten Arbeiterschaft gehörte.

1934 war Kirow de facto der zweite Mann hinter Stalin, dem er zuverlässig zur Seite stand, auch wenn er in seinem Bereich versuchte, Stalins radikale Forderungen moderater durchzuführen. Unter den jüngeren Funktionären war er der bekannteste und einer der beliebtesten. Ein Status, der Stalins permanentes Misstrauen in der Regel verstärkte…

Bei der Wahl der Parteiführung auf dem XVII. Parteitag der Kommunistischen Partei kam es zu einem Eklat: Bei der Auszählung der Stimmen der geheimen Wahl musste die Wahlkommission – zu ihrem Entsetzen – registrieren, dass Kirow von den 1966 Delegierten ganze drei Gegenstimmen erhalten hatte, Stalin dagegen 270 – ein mehr als deutliches Zeichen[**].

---

[*] Zu Lenins Zeiten gehörten die Vertreter der Leningrader Parteiorganisation häufig zu denen, die selbst gegen ihn opponierten oder mitunter sogar versuchten, ihn unter Druck zu setzen.

[**] Der manischer Hass Stalins gegen alle, die sich ihm nicht unterwarfen, manifestiert sich hier darin, dass in den Jahren des „Großen Terrors" von den 1966 Delegierten des Parteitages 1086 verhaftet wurden und eine Vielzahl ums Leben kamen. Von den 139 gewählten Mitgliedern und Kandidaten des Zentralkomitees der Partei, wurden 98 in dieser Zeit verhaftet und erschossen. Schwer vorstellbar, dass da Kirow, der zwar am Wahlergebnis nicht „schuld" war, nicht auf Stalins Liste gestanden haben soll.

Das offiziell verkündete Ergebnis lautete aber, dass Stalin ganze 3 und Kirow dagegen 4 Gegenstimmen erhalten habe.

Führende Parteifunktionäre Anfang der 30er Jahre vor dem „Großen Terror"
Hintere Reihe (v. l.) Awel Jenukidse (1937 hingerichtet), Kliment Woroschilow (Verteidigungsminister, und weitere hohe Funktionen unter Stalin), Moissej Kaganowitsch (Sekretär des Politbüros unter Stalin), Valerian Kuibyschew (Mitglied des Politbüros, Leiter der Staatlichen Plankommission, Tod 1935 vermutlich Selbstmord nach Konflikt mit Stalin); vordere Reihe (v. l.) „Sergo" Ordshonikidze (Volkskommissar für Schwerindustrie, galt lange Zeit als Vertrauter Stalins, Selbstmord 1937, nach dem er sich geweigert hatte, seine Mitarbeiter verhaften zu lassen), Josif Stalin, Wjatscheslaw Molotow (Sekretär des Politbüros, Außenminister, Vertrauter Stalins), Sergei Kirow;
Die vier, die den Terror überlebten, waren gnadenlose „Handlanger" Stalins.

Da Stalin an über die Fälschung der Wahlergebnisse mit Sicherheit informiert wurde und ihr zustimmte, kannte er die Wahrheit und so war es –

geht man von den Erfahrungen mit seiner despotischen Herrschaft aus – zwangsläufig, dass er in Kirow von da an eine ernste Gefahr für seine Allmacht sah.

Unmittelbar nach der Meldung von Kirows Ermordung fuhr Stalin in Begleitung besonders „bewährter" Genossen, also mit Molotow, Woroschilow sowie dem Leiter des gefürchteten Geheimdienstes NKWD Jagoda und dem Generalstaatsanwalt Wyschinski mit dem Zug nach Leningrad, um die Ermittlungen persönlich in die Hand zu nehmen. Was allerdings vor allem dafür spricht, dass es für Stalin von größter Bedeutung war, die Ermittlungen so zu gestalten, dass sie ausschließlich seine Version dokumentierten.

Einige der Umstände im Bezug auf den Kirow-Mörder Nikolajew waren – gemessen an der alltäglichen Praxis des NKWD – geradezu unvorstellbar. Wenige Tage vorher war er im Smolny verhaftet worden, weil die Wachhabenden in seiner Aktentasche eine Pistole gefunden hatten. Angeblich auf Befehl des stellvertretenden Leiters des Leningrader NKWD, Saporoshez, wurde er wieder freigelassen. So jedenfalls die Aussage Pawel Bulanows, eines Angeklagten im dritten Prozess 1938. Da alle Aussagen in diesen Prozessen durch Folter erzwungen wurden und dazu noch von den Angeklagten regelrecht eingeübt werden mussten, hat diese Aussage keine wirkliche Beweiskraft. Saporoshetz war bereits 1937 erschossen worden. Saporoshetz wurde sozusagen verspätet hingerichtet und konnte daher nicht mehr vernommen werden, so dass Bulanow mit dieser Aussage nun den eigentlichen Organisator des Attentats auf Kirow belasten sollte – Saporoshetz war 1934 nur deshalb fast straffrei geblieben, weil Stalin entschieden hatte, seine einstigen Rivalen Kamenjew und Sinowjew als Urheber des Mordes an Kirow anzuklagen, verurteilen und hinrichten zu lassen.

Es ist naturgemäß fast unmöglich zu verifizieren, ob Nikolajew wirklich öffentlich, so dass auch das NKWD davon erfuhr, erzählt hat, dass er – weil politisch ins „Abseits" geraten – sich rächen werde. Aber auch wenn er das nicht getan haben sollte – dass er zweimal mit einer Waffe in der

Tasche verhaftet und nicht erschossen oder ins Gulag verbracht wurde, ist – angesichts der tatsächlichen und alltäglichen Praxis des NKWD – derart unwahrscheinlich, dass die Schlussfolgerung, dass Nikolajew ein wichtiges Werkzeug in einem Machtspiel auf höchster Ebene gewesen sein muss, geradezu unvermeidlich ist.

Dass er im Smolny gelegentlich auftauchte, war auf den ersten Blick so ungewöhnlich nicht, arbeitete doch dort seine Frau, Milda Draule, eine Lettin, als Sekretärin. Dazu passt auf erstaunliche Weise, dass behauptet wurde, Nikolajews Motiv sei nicht zuletzt Eifersucht gewesen, da seine Frau die Geliebte Kirows gewesen sei.

Stalin bereitete bereits in dieser Zeit mit Sicherheit die „Ausschaltung" seiner einstigen „Rivalen" vor, die nach der Oktoberrevolution in hohen und höchsten Positionen in Partei und Staatsapparat gearbeitet hatten. Die meisten von ihnen hatte er zwar entmachtet und gedemütigt, aber als sie „bereuten", wurden viele von ihnen 1934 wieder in die Partei aufgenommen. Nach dem Wahldesaster auf dem XVII. Parteitag dürfte er sich dafür entschieden haben, sie zu liquidieren.

Des Mordes an Kirow wurden 1935 im ersten der drei Terrorprozesse* zwei Altbolschewiken und langjährige Gefährten Lenins, Sinowjew und Kamenew, beschuldigt, die von Stalin Jahre zuvor bereits aus allen ihren Funktionen entfernt worden waren. Sie und die anderen Angeklagten, deren Schuld ausschließlich durch ihre unter der Folter erzwungenen Geständnisse „bewiesen" worden war, wurden zum Tode verurteilt und erschossen.

Kirow selbst geriet danach schnell in Vergessenheit. In einer Zeit, als große Städte die Namen Stalins und seiner Getreuen erhielten, wurde auch Kirow auf diese Weise geehrt. Bezeichnender Weise waren es aber nur ein Städtchen mit Namen Katala nahe dem Ural, mit etwa 15.000 Einwohnern, das

---

* Ausführlich zu diesen Prozessen: Robert Conquest: DER GROSSE TERROR; Langen Müller in der F. A. Herbig Verlagsbuchhandlung, München 1992

nun Kirowgrad genannt wurde, sowie eine Siedlung bei Leningrad, die nun Kirowsk hieß.

Mit dem „Großen Terror"* und seinen Millionen Opfern in den Jahren von 1934 bis 1938 geriet der Name Kirows in Vergessenheit, was nachhaltig dafür spricht, dass Stalin nicht mehr an diesen Mann erinnert werden wollte. Kirow hatte seine „Schuldigkeit" getan.

Erst Chrustschow machte die Begleitumstände des Mordes in seiner Geheimrede auf dem XX. Parteitag der KPdSU 1956 innerhalb der Partei bekannt.

„Man muß feststellen, daß die Umstände der Ermordung des Gen. Kirow bislang in sich viele unverständliche und rätselhafte Fragen bergen und gründlichste Untersuchungen verlangen. Es gibt Anhaltspunkte für die Ansicht, daß dem Mörder Kirows, Nikolajew, irgendjemand aus dem Personenschutz Kirows geholfen hat.

Eineinhalb Monate vor dem Mord war Nikolajew wegen verdächtigen Verhaltens verhaftet worden, doch man hat ihn auf freien Fuß gesetzt und nicht einmal eine Untersuchung durchgeführt. Äußerst verdächtig ist der Umstand, daß ein am 2. Dezember zum Verhör transportierter Tschekist* (Angehöriger des NKWD/ d. A.) der Kirow zugeteilt war, bei einem „Verkehrsunfall" umkam, während keine der ihn begleitenden Personen

---

* Es war der Chef der Leibwache Kirows, Borissowitsch, der während der Fahrt liquidiert wurde. Er dürfte nach der Verhaftung Nikolajews – schon um sich abzusichern – Stalin über dieses Vorfall direkt informiert haben. Demnach könnte es Stalin selbst gewesen sein, der Borissowitsch sinngemäß gesagt haben könnte: „Lass den armen Kerl doch laufen und halt den Mund". Bei seinem Informationssystem und dank seines außergewöhnlichen Gedächtnisses konnte er durchaus Kenntnis davon haben, dass Kirow ein Verhältnis zu Nikolajews Frau hatte. Ob Stalin damit rechnete, dass Nikolajew tatsächlich zur Pistole greifen würde, ist unerheblich. Für ihn war Nikolajew lediglich eine Option. Das würde hinreichend erklären, warum gerade Borisssowitsch liquidiert wurde. Schließlich hätte der reden können, was auch einem Stalin nicht genehm gewesen wäre.

verletzt wurde. Nach der Ermordung Kirows wurden leitende Mitarbeiter des Leningrader NKWD ihrer Funktionen enthoben und zu sehr milden Strafen verurteilt, aber 1937 wurden sie erschossen. Man darf vermuten, daß sie erschossen wurden, um Spuren zu den Organisatoren des Mordes an Kirow zu verwischen."[1]

Der Fahrer des „verunglückten" Wagens wurde danach gefunden und gab zu Protokoll, das der neben ihm sitzende NKWD-Mitarbeiter ihm in das Lenkrad gegriffen hätte, um einen Unfall herbeizuführen...

Dass ein derart Verdächtiger wie Nikolajew vom NKWD ohne Untersuchung freigelassen wurde, ist für die damalige Praxis der Geheimpolizei derart ungewöhnlich, dass man davon ausgehen muss, dass diese Entscheidung von höherer Stelle aus befohlen worden ist. Verhaftet wurde seit Jahren jeder, der verdächtig schien – und häufig noch Familienangehörige oder engere Bekannte gleich mit. Über die Dauer der Haft, es konnten Monate werden, entschied die zuständige NKWD-Residenz, falls der Verdächtige überhaupt entlassen wurde.

Da Nikolajew – ein ehemaliges Parteimitglied – am Smolny aufgriffen wurde und Spuren zu Kirow führten, kann als sicher gelten, dass Stalin darüber informiert wurde. Bei einem solchen Vorfall, der einen der höchsten Parteifunktionäre betraf, hätte eine derartige Unterlassung den Kopf gekostet.

Das wiederum bedeutet, dass eine Freilassung ohne Stalins Zustimmung eigentlich nicht hätte erfolgen können. Die im ersten Prozess des Mordes an Kirow Beschuldigten wurden erschossen, die eigentlich Verantwortlichen des Leningrader NKWD wurden dagegen – mehr als erstaunlich – nicht umgehend liquidiert. Der wirklich einzig plausible Grund für diese eigentlich unvorstellbare Milde Stalins kann letztlich nur gewesen sein, dass er zu diesem Zeitpunkt Saporoshetz u. a. als Schuldige gar nicht brauchen konnte, weil er Kirows Tod nutzen wollte, Sinowjew und Kamenjew u. a.

---

[1] Die Geheimrede Chrustschows, Dietz Verlag Berlin 1990, Seite 28

16

als Mörder Kirows zu diskreditieren, sodass die Masse der Menschen deren Verurteilung als gerechte Strafe ansehen oder auch begrüßen würde.

Somit ist folgender Ablauf rekonstruierbar, der alles andere als unwahrscheinlich ist. Stalin, in seinen paranoiden Vorstellungen, wird in Kirow eine potentielle Gefahr für seine Allmacht gesehen haben. Mit der Freilassung Nikolajews hatte er einen Mann, der die Möglichkeit bot, Kirow auszuschalten. Ob und wie die Leibwache den direkten Schutz Kirows unterließ, bleibt im Unklaren. Es kann auch Kirow selbst gewesen sein, der ihr befahl, sich im Smolny etwas entfernt von ihm zu halten.

Wirklich entscheidend für eine analytische Betrachtung der weiteren Abläufe ist einzig und allein der Tatbestand, dass Stalin selbst die Untersuchungen des Mordes durchführte. Es ist allerdings wenig wahrscheinlich, dass er Nikolajew etwa direkt beauftragt hat. Aber es gibt Gründe dafür, dass er dafür sorgte, ihm „freie Hand" zu lassen. Einen „Unfall" herbeizuführen, bei dem ein NKWD-Mitarbeiter umkommt, der entweder als Zeuge ein Risiko ist, oder als Toter für alles Mögliche verantwortlich gemacht werden kann, erweist sich unter diesem Gesichtspunkt als zwingend notwendig. Schließlich war es auch wichtig, den mitgereisten Funktionären einen Schuldigen vorzusetzen. Dass die von ihm so milde Bestraften – allesamt bestens vertraut mit der todbringenden Praxis des NKWD – schweigen würden, dessen konnte sich Stalin so gut wie sicher sein. Nachdem ihm der zeitliche Abstand zum Attentat auf Kirow ausreichend schien, wurden sie 1937 liquidiert. So konnte Stalin im ersten der drei großen Prozesse Sinowjew und Kamenjew u. a. der Planung und Ausführung des Mordes an Kirow anklagen lassen. Aus Stalins Werkzeug wurde ein Auftragsmörder der Angeklagten.

Stalin ist in diesem Feld der Willkür, der Verdrehung von Tatsachen, Erfinden von Schuldigen und angeblichen Beweisen sowie der Entwicklungen von Netzwerken, die alles mit einander verknüpften, im schlechtesten Sinne unerreicht. Gesetzt den Fall, dass er Paranoiker war, dann hatte er in sich eine ungeheure Triebkraft und einen Machtinstinkt, der es ihm möglich machte, skrupellos jeden, der ihm im Wege zu stehen schien, in diese Netzwerke zu verstricken. Es ist nicht einmal auszuschließen, dass Stalin seine Konstruktionen in gewisser Hinsicht als wahr ansah...

Dieses Stalinsche „Muster" der Ausschaltung, richtiger Hinrichtung, von Parteifunktionären – um 1934 „erprobt" – bestimmte die Vorbereitung und Durchführung der weiteren Terrorprozesse zwischen 1936 und 38, in denen die durch brutalste Folterungen erzwungenen Geständnisse deshalb große Bedeutung hatten, weil es Stalin und seinen Handlangern äußerst wichtig war, diesen relativ großen Personenkreis, der seit den Tagen der Oktoberrevolution als „Leninsche Garde" weithin bekannt und angesehen waren, nicht nur physisch sondern ebenso politisch und moralisch zu vernichten. Es gibt bis heute außer Stalin keinen, der diese Methode derart perfekt beherrschte

Die Ermordung Kirows und die Geschichte ihrer Instrumentalisierung ist auf jeden Fall ein besonderes Attentat – ein perfektes Muster dafür, wie Attentate inszeniert werden, wie Zufälligkeiten eine Rolle spielen können und in welchem Maße ein planmäßiges oder intuitives strategisches Denken Einfluss auf die Verhinderung einer Aufklärung nehmen kann.
Eine weitere Besonderheit dieses Attentats ergibt sich daraus, dass – nach Jahren – ernsthaft versucht wurde, Abläufe, Untersuchungsergebnisse und Konsequenzen anhand der vorhandenen Unterlagen und überlebenden Zeugen nochmals zu prüfen und aus dieser Sicht, mit den gewonnenen Erkenntnissen, neu darzustellen, um sich der Wahrheit anzunähern.

In seiner 1993 erschienenen Studie „Logik des Alptraums"[*] dokumentiert der Autor Anatoli Iwanov ein anderes Szenarium zum Mord an Kirow. Der Autor stützte sich bei seiner Darstellung insbesondere auf die durch Dritte veröffentlichten Notizen, Erinnerungen und Äußerungen einiger

---

[*] Anatoli Iwanov: Logik des Albtraums (Logika koschmara), Verlag Russki Westnik, Moskau 1993; die deutsche Übersetzung wurde im Internet veröffentlicht)

Weggefährten von Wladimir Antonow-Owsejenko.* Dieser war einer der führenden Köpfe des Oktoberaufstandes von 1917, danach gehörte er zu denen, die als enge Mitarbeiter Trotzkis keine große Parteikarriere machten. Er kannte deshalb viele Altbolschewiken und war sicher mit nicht wenigen gut vertraut. Überraschender Weise wurde er 1934 (bis 1936) zum Generalstaatsanwalt der Russischen Föderartiven Sozialistischen Sowjetrepublik (RFSSR) ernannt. In scheinbar noch erstaunlicherer Weise wurde er 1937 Volkskommissar für Justiz der RFFSR. Allerdings muss das in diesen Jahren alles andere als eine „Beförderung" gewesen sein, da es zu Stalins Vorgehensweise gehörte, künftige Angeklagte in den Jahren des „Großen Terrors" zuvor zu versetzen, um sie aus ihrem vertrauten Umfeld herauszulösen.

Bei Antonow-Owsejenko dürfte jedoch ein besonderes Motiv von besonderer Bedeutung für Stalin gewesen sein. 1917 hatte sich Antonow-Owsejenko gemeinsam mit Trotzki den Bolschewiki angeschlossen. Stalin kannte ihn seit dieser Zeit, in der er selbst noch keine wichtige Rolle spielte. Als Antonow-Owsejenko zum Generalstaatsanwalt bzw. zum Volkskommissar für Justiz der RFSSR ernannt wurde, war er – der Funktion nach – an den Prozessen als politischer Funktionär „beteiligt" und musste so miterleben, wie seine Freunde und Weggefährten einer nach dem anderen hingerichtet wurde, ohne dass er auch nur die geringste Möglichkeit hatte, etwas für sie zu tun. Als er nach Spanien – während des Bürgerkrieges – geschickt wurde, hatte der sowjetische Geheimdienst u. a. die Aufgabe, die Mitglieder trotzkistische POUM (Partida Obrero de

---

* Wladimir Antonow-Owsejenko arbeitete vor 1917 mit Trotzki zusammen und trat mit ihm 1917 der Partei der Bolschewiki bei. Er gehörte zu den militärischen Führern des Oktoberaufstandes, diente danach in der Roten Armee u. a. als Leiter der Politischen Hauptverwaltung. 1924 abgelöst, wechselte er in den diplomatischen Dienst (Botschafter in der Tschechoslowakei, in Litauen und in Polen), 1934 Generalstaatsanwalt der russischen Sowjetrepublik, 1936 Generalkonsul in Spanien, 1937 Volkskommissar für Justiz, 1939 nach seiner Verhaftung erschossen. In den 20er Jahren gehörte er zu den Führern der Opposition. Ziel dieser Gruppe war es, wie schon dargestellt, Stalin als Generalsekretär der Partei abzulösen. Ihr Kandidat für diese Position war Kirow.

Unificatión Marxista) und deren Vorsitzenden Andreas Nin zu liquidieren. Sicher erfuhr Antonow-Owsejenko davon, dass Andreas Nin - ein enger Freund Trotzkis - nach schweren Folterungen mit anderen Trotzkisten erschossen wurde. Und auch hier konnte er nichts dagegen tun.

Es war mit großer Sicherheit kein Zufall, dass Stalin ihn erst erschießen ließ, nachdem Trotzki in México ermordet worden war, der erste und engste Weggefährte Antonow-Owsejenkos.

Am Ende konnte Stalin – der diese „Methode" außerordentlich „liebte" – ihn wegen mangelnder Wachsamkeit bei der Vernichtung der Volksfeinde verhaften und erschießen lassen. Dass Stalin Antonow-Owsejenkos ganz besonders gehasst haben wird, dafür spricht sein Vorgehen gegenüber dem Weggefährten Trotzkis.

Da Leningrad zur RFSSR gehörte, gaben aber beide Funktionen Antonow-Owsejenko als einem der ganz wenigen – außerhalb des Kreises der Täter – die Möglichkeit, Menschen zu befragen, die Kenntnisse über Vorgänge um den Mord an Kirow besaßen. Er könnte auch Zugang zu Akten des „Falls" gehabt haben.

Iwanov publiziert eine umfangreiche Übersicht führender Bolschewiki in Partei- und Staatsfunktionen sowie in der Volkswirtschaft, die sich in den späten zwanziger Jahren gegen Stalins Führung der Kommunistischen Partei und seine Wirtschaftpolitik (Zwangskollektivierung und radikale Industrialisierung) gestellt hatten; viele von ihnen waren aus der Partei ausgeschlossen und später wieder aufgenommen worden. Diese Übersicht ist zugleich eine Liste der wichtigsten Todeskandidaten der drei großen Prozesse in den 30er Jahren.

Es waren vor allem ehemalige Weggefährten des inzwischen verbannten Trotzki und vor allem jene, die eng mit Lenin verbunden gewesen waren. Sie sahen in der Weiterentwicklung der von Lenin durchgesetzten „Neuen ökonomischen Politik (NÖP)" mit ihren marktwirtschaftlichen Aspekten den einzig richtigen Weg. Damit standen sie im scharfen Gegensatz zu Stalins Plänen.

Sie hatten im Bürgerkrieg (1918 bis 20) gekämpft, waren „Kriegskommunisten" mit allen Konsequenzen und keiner hatte Zweifel an der uneingeschränkten Führungsrolle der Partei.

Vor Beginn des XVI. Parteitages wandten sich – wie bereits beschrieben – führende Köpfe der „Opposition" an Kirow mit dem Vorschlag, anstelle Stalins, der damit entmachtet werden sollte, für die Funktion des Generalsekretärs zu kandidieren. Kirow lehnte ab. Iwanov hält es für sehr wahrscheinlich, dass Kirow durchaus geplant haben könnte, Stalin abzulösen, aber angesichts der angespannten Lage im Land einen Eklat auf dem Parteitag für zu gefährlich hielt.

Stalin wurde also wiedergewählt, musste aber mindestens 270 Gegenstimmen hinnehmen, was ihn endgültig zu dem Entschluss führte, seine „Gegner" zu liquidieren.

Geht man davon aus, dass auch Kirow von diesem Wahlergebnis erfahren haben dürfte, musste ihm klar geworden sein, dass sein Leben in Gefahr war. Einem Vertrauten soll er – so Iwanov – nach dem Parteitag gesagt haben: „Aljoscha, mein Kopf liegt schon auf dem Schafott." Wenige Wochen später wurde er ermordet.

Nach dem Parteitag bekam nach dieser Darstellung die Führung des Leningrader NKWD (früher Tscheka) den Auftrag, Kirow zu liquidieren. Dazu muss darauf hingewiesen werden, dass bereits die Tscheka seit ihrer Gründung ein Staat im Staate war und ihre Leiter nach Lenins Tod ausschließlich von Stalin eingesetzt wurden. Und nur von ihm nahmen sie Weisungen oder Befehle entgegen.

Hier nun kommt der spätere Attentäter Nikolajew ins Spiel, von dem offensichtlich bekannt war, dass er – nach seinem Parteiausschluss – auf „Rache" aus war. Der eingeweihte Kreis von NKWD-Mitarbeitern begann nun Nikolajew zu „präparieren". Nach überlieferten Zeugenaussagen beschuldigte Nikolajew beim ersten Verhör diese Mitarbeiter, ihn zum Mord an Kirow „überredet" zu haben. Der eigentliche Leiter dieser Operation war der stellvertretende Chef des Leningrader NKWD, Saposhetz, auf dessen Befehl der zweimal von der Wache des Smolny (der Amtssitz Kirows) festgenommene Nikolajew, obwohl er bewaffnet war, wieder freigelassen wurde, was ohne Stalins nachdrückliches Einverständnis angesichts des Ranges von Kirow als zweiter Mann in der Partei undenkbar gewesen wäre.

Nicht „eingeweiht" war demnach die Leibwache Kirows, also auch deren Leiter Borissowitsch. Um zu verhindern, dass dieser die Ermittlungen „störte", wurde er während einer Fahrt zum ersten Verhör von NKWD-Mitarbeitern ermordet, bevor Stalin in Leningrad eintraf.

Nikolajew wurde hingerichtet. Mit ihm sieben weitere Mitangeklagte. Es muss sich um Personen aus Nikolajews Umgebung gehandelt haben, bei denen die Möglichkeit nicht ausgeschlossen werden konnte, dass sie von diesem Informationen zu seinem Attentat erhalten haben könnten.

Saporoshetz und seine Mittäter erhielten geradezu unglaublich milde Strafen, wurden allerdings versetzt und isoliert, bevor sie 1937 erschossen wurden.

Stalin hatte seinen einzigen „Rivalen" aus dem Weg geräumt – und hatte endlich die „Begründung" für die endgültige Ausschaltung seiner innerparteilichen Kontrahenten, die er um jeden Preis zu vernichten beschlossen hatte.

Auch wenn nicht im Detail zweifelsfrei belegt werden kann, wie im Einzelnen der Mord an Kirow geplant worden ist, so konnte durch Dokumente, Zeugenaussagen und die Hintermänner des Attentäters (und die Folgen des Mordes) zweifelsfrei festgestellt werden, dass nur Stalin diesen Mord gewollt hatte und auch die Macht besaß, diesen zu befehlen.

Das gilt auch für die nahezu unmögliche Aufklärung von Hintergründen und Abläufen von Attentaten der jüngeren Geschichte, weil Untersuchungsberichte, Protokolle der Zeugenvernehmungen u. v. a. m. noch immer als „geheim" eingestuft sind und damit für eine Beantwortung der oft vielen offenen Fragen nicht zur Verfügung stehen...

I. Das Attentat als historisches Phänomen – ein Exkurs

Wann Menschen zum ersten Mal versuchten, durch ein Attentat die Machtverhältnisse zu verändern oder missliebige Personen auszuschalten, ist ungewiss. Wann die ersten Verschwörer sich zusammenfanden, um einen Tyrannen zu ermorden, bleibt ebenso im Dunkel der Geschichte verborgen. Wann sich ein einzelner Mensch aufmachte, um sich für erlittene Willkür, die ihm oder einem ihm nahe stehenden Menschen zugefügt wurde, zu rächen, wir wissen es nicht...
Es muss irgendwann, lange vor dem Jahre 0 der Geburt Christi, geschehen sein.

Es dürfte zahllose Attentate in den zurückliegenden Jahrtausenden gegeben haben. Diese Feststellung ist vor allem auch dadurch begründet, dass die Zahl der gescheiterten Attentate wahrscheinlich um einiges größer ist als die Summe der gelungenen.
Zwei exemplarische Beispiele der jüngeren Geschichte sind Beleg dafür: Insgesamt wurden etwa 40 Attentate auf Adolf Hitler, den Führer des „Tausendjährigen Reiches" geplant und versucht. Nicht ein einziger dieser Anschläge führte zum Erfolg. Seinem Leben hat der „Führer" 1945 durch Selbstmord ein Ende gesetzt.

Jahrelang befand sich der Kubaner Fídel Castro, Kommunist, Partei- und Staatschef im Visier der CIA, die immer neue Versuche unternahm, ihn zu ermorden. Castro lebt heute noch.

Es mag eine Binsenwahrheit sein – aber Attentäter ist nicht gleich Attentäter: Es gab Verschwörer und Einzeltäter, die aus tiefer Überzeugung handelten, in dem Glauben und mit der naiven Vorstellung, dass mit einem Attentat sich die für sie unerträglichen politischen Verhältnisse ändern würden. Mit Mut, Todesverachtung wie auch Verzweiflung und Wut gingen sie ihren Weg, der ihnen oft nur die eigene Hinrichtung brachte.

Ganz anders jene Attentäter, die bei angemessener Gegenleistung im Auftrag handelten. War es die „Belohnung" oder/und eine unglaubliche Selbstsicherheit, die diese Attentäter antrieb, ihr Leben aufs Spiel zu setzen? Oder Geltungssucht – um einmal im Zentrum der Aufmerksamkeit zu stehen?

Die Gruppe wirklich professioneller Attentäter und Verschwörer kam und kommt aus Organisationen, die am einfachsten unter dem Begriff Geheimdienste zusammengefasst werden können.

Und schließlich und endlich gab (und gibt) es jene Gruppierungen, die sich in ihren Anfängen als Anarchisten sahen, für die kein Gesetze galten. Mit Bakunin hatten sie ihren theoretischen Kopf, der insbesondere den Anarchismus, seine Positionen und Ziele begründete, ohne etwa selbst je an einem Attentat beteiligt gewesen zu sein. Den „klassischen" Anarchismus gibt es schon lange nicht mehr. An seine Stelle ist im zurückliegenden Jahrhundert der Terrorismus getreten, der aus fundamentalistisch-religiösem Fanatismus heraus längst global agiert.

Der Blick auf das 20. Jahrhundert wäre unvollständig, wenn nicht auf die endlose Blutspur der Mafia hingewiesen würde. Das Gesetz der „Omertá" forderte ungezählte Opfer in den eigenen Reihen, ungezählt sind auch die Opfer der Machtkämpfe rivalisierender Clans. Ähnlich blutig ging es auch in den USA zu Zeiten eines Al Capone oder Dillinger zu. Mit Attentaten hatten diese Hinrichtungen und Bandenkriege nichts zu tun.
Allerdings bediente sich die italienische Mafia in besonderen Fällen gezielter Anschläge: Staatsanwälte, die ernsthaft daran gingen, auch die Mafia-Bosse vor Gericht zu stellen, wurden mit Maschinenpistolen, fern gezündeten Bomben erschossen oder zerrissen.
Keinen Platz in dieser Geschichte der Attentate haben dynastische Morde. Beginnend im Ägypten der Pharaonen bis ins feudalistische Mittelalter gehören sie zur Geschichte der Könige, Kaiser, Sultane und Kalifen... War die Erbfolge unklar, gab es mehrere Königssöhne, die glaubten, ein An-

recht auf die Krone zu haben, dann führte das nicht selten dazu, dass der Sieger in diesem Konflikt seine Rivalen ermorden ließ, gelegentlich deren gesamte Familie, wenn er nicht die Frauen in ein Kloster verbannte. Zahllose Erbfolgekriege gehören zur Geschichte des Mittelalters in mehr oder weniger allen europäischen Ländern. Mancher (Noch)König verlor in diesen blutigen Kämpfen sein Leben auf dem Schlachtfeld.

Berichtet wird aus dem arabischen Raum von einem Sultan, der, kaum dass er den Thron bestiegen hatte, seine 19 Brüder erdrosseln ließ...

Erwies sich ein Herrscher als unfähig, dann wurde er notfalls von der eigenen Familie beseitigt. 1762 ließ Katharina II., Gemahlin des Zaren Peter III., ihren Mann, der nach sechsmonatiger Herrschaft entthront und gefangen gesetzt worden war (für die Würde eines Zaren war er denkbar ungeeignet), durch ihre Vertrauten, die Brüder Orlow, erdrosseln. Erst danach konnte sie den Zarenthron beanspruchen und zu Katherina der Großen werden, weil sie Russland zu neuer Größe führte.

Heinrich IV., Deutscher Kaiser, der 1077 den Bußgang nach Canossa antrat, um vom päpstlichen Bann erlöst zu werden, musste sich Jahre später des eigenen Sohnes erwehren, der sich an die Spitze einer Fürstenverschwörung gestellt hatte, den Vater 1104 zur Abdankung zwang und 1106 als Heinrich V. den Thron bestieg.

Konradin, der letzte Vertreter des staufischen Herrscherhauses, wurde 1268 in der Schlacht von Tagliozzo geschlagen und auf Befehl von Karl von Anjou in Neapel hingerichtet.

Der englische König Eduard III. wurde auf Drängen der Königin und ihres Günstlings Mortimer vom englischen Parlament 1327 abgesetzt und schließlich ermordet.

Heinrich IV. von Navarra, französischer König, Hugenotte, der während der vergeblichen Belagerung von Paris zum Katholizismus übertrat – „Paris ist eine Messe wert" – und das Edikt von Nantes 1598 durchsetzte, das auch den Hugenotten Religionsfreiheit einräumte, wurde dafür von Franz Ravaillac, einem katholischen Fanatiker, ermordet.

Dies war eines der seltenen Vorkommnisse in diesem Feld, das als Attentat, in diesem Fall wahrscheinlich eines Einzeltäters, gelten kann.

In den Harems der Sultane kamen viele Söhne zur Welt, doch nur einer konnte dem Vater nachfolgen – Intrigen, Morde und im günstigsten Fall Verbannung oder lebenslange Haft waren die Konsequenz. Mit Gift oder seidenen Schnüren wurden alle aus dem Weg geräumt, die Anspruch auf den Thron erheben könnten.
Ein exemplarisches Handeln, das davon ausging, dass die eigene Herrschaft nur gesichert war, wenn alle Rivalen ausgeschaltet worden waren.

In gleicher Weise gingen Usurpatoren zu Werke, Emporkömmlinge, fremde Eindringlinge, die sich mit Gewalt des Thrones bemächtigten...
Manche Entscheidung fiel zudem erst auf dem Schlachtfeld. Diese dynastischen Morde tragen in keiner Weise Merkmale eines Attentats, sie vollzogen sich unter ihresgleichen in den Mauern der Tempel, Burgen, Schlösser und Paläste oder auf dem Schlachtfeld...

Die mehr oder weniger offenen Machtkämpfe um die Krone oder um die Sultanswürde waren schon deshalb keine Attentate, weil es keine Attentäter gab. Wenn König „X" acht seiner Ritter losschickte, um seinen Bruder und Rivalen umbringen zu lassen, ist das Mord auf Befehl, auch wenn es nicht unbedingt öffentlich geschah. Die ausgesandten Mörder brachten ihr Opfer nicht um, weil sie es hassten oder von sich aus beseitigen wollten. Sie waren keine Verschwörer, sondern führten einen Auftrag ihres Herrschers aus.
Auch die Ermordung Wallensteins in Eger war von daher kein Attentat, denn seine Mörder kannten ihn, sie „besuchten" und beseitigten ihn im Auftrag der Krone. Ebenso gut hätte man Wallenstein des Hochverrats anklagen und zum Tode verurteilen können. Das war in den Wirren des 30jährigen Krieges (1618 – 48) nicht durchführbar, also wurde er ohne höchstrichterliches Urteil hingerichtet...

Schließt man diese durch dynastische Interessen und Konflikte begründeten Morde aus, so lassen sich für wirkliche Attentate einige Charakteristika formulieren:

- Attentate sind politisch wie auch nationalistisch motivierte Anschläge mit der eindeutigen Absicht, die Zielperson(en) zu töten;
- mit einem Attentat wird versucht, Repräsentanten der Macht, die als Schuldige an bestehenden Verhältnissen und als verantwortlich für Ungerechtigkeit, Willkür und Missstände gesehen werden, zu beseitigen – aus der Hoffnung oder der Überzeugung heraus, dass es mit dem Attentat gelingt, Veränderungen zu erzwingen;
- gelegentlich sind auch eher persönliche Gründe Motiv für ein Attentat – Gewalt gegen Angehörige, Hass auf eine bestimmte Person, Rache für erlittenes Unrecht;
- in der Regel bestimmt folgende Konstellation den Plan und die Durchführung eines Attentats: die Zielperson ist durch ihre hohe oder höchste Machtposition derart geschützt und abgeschirmt, dass jeder Versuch, sie auf direktem Weg durch Appellation oder öffentliche Kritik zu beeinflussen, scheitert und für die „Ankläger" mit harter Bestrafung (Zuchthaus, Zwangsarbeit bis zur Liquidierung) endet;
- daraus folgt, dass nur noch mit einem Attentat die Forderungen nach Veränderungen erzwungen werden können – so zumindest die Hoffung der Attentäter;
- relativ neu ist eine Variante bei der Ausführung von Attentaten: die Initiatoren oder Verschwörer „beschränken" sich auf die Planung, zur Ausführung bedient man sich (gut bezahlter) Auftragskiller;

Für ein Attentat bedarf es neben einer gründlichen Planung einer absolut zuverlässigen Gruppe (wenn es sich nicht um wirkliche Einzeltäter handelt), einer Logistik, die auf gründlichen Recherchen basiert, wie und wann die Zielperson für ein Attentat erreichbar ist, und der Wahl der Waffen und eben auch eines besonderen persönlichen Mutes, der aber auch Kaltblütigkeit erfordert sowie die Bereitschaft, Verfolgung und Verurteilung auf sich zu nehmen. Nicht wenige Attentäter scheiterten daran, dass sie in den wenigen Augenblicken, die für den Erfolg des Attentats entscheidend waren, die eigenen Hemmungen nicht überwinden konnten oder derart blockiert waren, dass sie nicht abdrückten oder einfach die Nerven verloren und flüchteten...

Es mag ja gelegentlich Phantasten gegeben haben, die glaubten, dass ihnen nach der Ermordung eines Tyrannen Ruhm und Ehre zuteil wird. Ausgerechnet der Aufklärer und Klassiker Friedrich Schiller hat einem solchen ein dramatisches Denkmal gesetzt: Wilhelm Tell, der sich dem „Rütlischwur" – ‚wir wollen einig sein' – entzieht, und stattdessen sein Motto „Der Starke ist am mächtigsten allein" dagegen setzt und den üblen Landvogt Gessler aus persönlicher Rache (Apfelschuss) mit seiner Armbrust tötet, ist Schillers Ideal, obwohl Tell eigentlich nur das Glück hatte, dass die Menschen gerade in dieser Zeit zum Aufstand bereit waren, den er mit dem tödlichen Pfeil auf den Landvogt lediglich auslöste. Ohne diese Bereitschaft wären er und seine Gefährten, die er mit seinem persönlichen Racheakt in Lebensgefahr brachte, dem Zorn des Landvogts zum Opfer gefallen.

Schiller sieht in Tells Aufbegehren natürlich einen Akt der Befreiung mit edelsten Motiven. Dahinter verbirgt sich vor allem seine eigene Hoffnungslosigkeit im Bezug auf fortschrittliche Veränderungen in den deutschen Kleinstaaten. So bleibt der einsame Held als letzte romantische Hoffnung.

Mörderische Senatoren
Der große Julius Caesar und sein Ende

Das wahrscheinlich historisch bedeutsamste Attentat galt Julius Caesar, dem erfolgreichen Politiker und Feldherren des Römischen Imperiums. Caesar wurde 100 v. Chr. als Sohn einer altadligen römischen Familie geboren, die aber nicht besonders wohlhabend war. Sein Aufstieg beginnt mit militärischen Erfolgen in Spanien (61 v. Chr.), dem zahllose weitere Siege in Gallien, Ägypten, Pharnäkes, Afrika folgen, die ihn als außerordentlich erfolgreichen Militärstrategen zeigen. Er selbst prägte jenen bis heute bekannten Spruch: „Veni, vidi, vici" (Ich kam, ich sah, ich siegte).

Julius Caesar (antike Porträtbüste)

Er ging als Quästor nach Spanien. Zu seinem Wirken dort entstand ein weiteres geflügeltes Wort: „Arm war Caesar als er in das reiche Spanien ging, reich verließ er das arme Spanien."

Er war treibende Kraft im Bündnis mit Pompeius und Crassus, mit denen er das erste und zweite Triumvirat bildete, das sich gegen den römischen Senat durchzusetzen verstand. Später kam es zwischen ihm und Pompeius zu Machtkämpfen.

In Ägypten besiegte er den Pharao Ptolemäus, und es begann seine Liaison mit dessen Schwester Kleopatra, die auch in seinen machtpolitischen Plänen eine wichtige Rolle spielte.

Er wird Konsul (jeweils zwei führten für ein Jahr die Staatsgeschäfte) und steigt stetig als Diktator bzw. Imperator zum Alleinherrscher auf, der in Rom großartige Bauten errichten lässt und jede Art von Huldigung erfährt, die seiner Beliebtheit bei den Römern langsam aber sicher schaden.

Auch unter den Senatoren wächst der Widerstand, aber keiner von ihnen wagte es, Caesar – wie einst der große Redner Cicero – die Stirn zu bieten.

Es fand sich aber eine Gruppe Senatoren zu einer Verschwörung gegen Caesar zusammen – unter ihnen Cassius Longinus, Iunius Brutus, Decimus Brutus u. a., die glaubten, dass sie mit Caesars Tod die römische Republik würden erhalten können.

Als Caesar am 15. März 44 v. Chr. den Senat betrat, wurde er von den Verschwören mit dreiundvierzig Messerstichen ermordet. Caesars Adoptivson, Marcus Antonius, floh aus dem Saal, da er um seinen Leben fürchten musste. Schließlich blieben die Verschwörer mehr oder weniger ratlos mit dem toten Imperator allein im Saal zurück.

„Im Grunde war das Spiel bereits jetzt verloren: Jede Ordnung war mit der Flucht der Magistrate aufgelöst. Der Senat kopflos und desorientiert, das Chaos in den Straßen nicht mehr lenkbar und Pläne für diesen Fall nicht zur Hand. Und da war noch der Tote; er lag unbeachtet in seinem Blut zu Füßen des steinernen Pompeius (*seinem einstigen größten Gegenspieler, d. A.*).

Caesars Ermordung als Thema späterer Malerei

Erst Stunden später schlichen drei Sklaven in die Kurie und trugen ihn verstohlen und auf Umwegen nach Hause; (...) Der tote Caesar war dem Zugriff seiner Mörder entkommen, sein so oft gepriesenes Glück hatte ihn an den Iden des März jedoch nicht gänzlich verlassen: niemand konnte ihn nun als Feind des Vaterlandes in den Tiber werfen. Die Verschwörer hatten auch diese Chance verspielt"[2]

Das Attentat war geglückt. Das Ziel – die Wiederherstellung der Römischen Republik wurde nicht zuletzt dadurch, dass die Verschwörer keinerlei Strategie zu seiner Verwirklichung hatten und wohl auch nicht stark genug waren, niemals mehr erreicht.

Caesars Adoptivsohn Marcus Antonius besiegt 42 – 43 v. Chr. im Bündnis mit Octavianus die Streitmacht der Republikanischen Partei unter Brutus und Cassius, beerbt Caesar als Geliebter Kleopatras und unterliegt dann zwischen 31 und 30 v. Chr. Octavianus im Kampf um die Alleinherrschaft. Die Republik ist endgültig zum Untergang verurteilt.

---

[2] Werner Dahlheim: Die Iden des März 44 v. Chr.; in: Das Attentat in der Geschichte, Hrsg.: Alexander Demandt, Böhlau Verlag, Köln, 2004, Seite 53

Ironie des Schicksals – der Name Caesars lebte in dem Titel der künftigen Herrscher Roms als Kaiser (Caesaren) weiter. Schon Octavianus, der von 31 bis 14 v. Chr. herrscht, nannte sich Caesar Octavianus Augustus.

In der Folgezeit schafften sich die Caesaren eine eigene Schutztruppe, die Prätorianergarde. In der Zeit des latenten Verfalls des Römischen Reiches wurden die Prätorianer zu den eigentlichen „Königsmachern". Sie ermordeten ihnen nicht genehme Herrscher und riefen einen neuen aus. Auf den Thron gelangten so Caesaren, die als Soldatenkaiser in die Geschichte eingingen, darunter Figuren wie Caracalla, ein perfider und grausamer Diktator (211 bis 217 n. Chr.) oder Nichtrömer wie der Thraker Maximinus Thrax, der von den Prätorianern ermordet wurde. Bedeutende Caesaren waren dagegen Aurelianus und Diocletan, die aber den Niedergang und die Teilung des Römischen Reiches in West- und Ostrom nicht aufzuhalten vermochten. Am Ende des Weströmischen Reiches stand der Herueler Odoaker, ein Germane an der Spitze des Landes, bevor es 493 n. Chr. in den Zeiten der Völkerwanderung von den Ostgoten unter Theoderich erobert wurde.

Es wird nicht die letzte Verschwörung sein, die mit einem erfolgreichen Attentat nicht nur ihr Ziel verfehlt, sondern das krasse Gegenteil von dem auslösen wird, was zu erreichen mit dem Attentat erhofft worden war…

Familienbande zählten bei den Caesaren nicht unbedingt zu den „Stärken" ihrer Alleinherrschaft: Claudius (41 – 54 n. Chr.), eigentlich kein starker Imperator, ließ seine ziemlich herrschsüchtige Gemahlin Messalina umbringen. Nero (54 – 68 n.) befahl, seine Mutter Aggripina und seine erste, bereits von ihm verstoßene Gemahlin Octavia zu töten. Im Vorderen Orient und ebenso in Europa fanden sie „würdige" Nachfolger.

Tatort Theaterloge
Der Tod Abraham Lincolns am 14. April 1865

Warum musste Abraham Lincoln sterben? Selbst wenn der Todesschütze ein Einzeltäter gewesen sein sollte, als die tiefere Ursache für Lincolns Ermordung reicht eine Beschränkung auf den Sieg der Nordstaaten im Sezessionskrieg (dem Amerikanischen Bürgerkrieg) von 1861 bis 1865 – und damit auf einen Racheakt – nicht aus. Die Spannungen zwischen Nord- und Südstaaten begannen gut vierzig Jahre davor. Die Problematik der Sklaverei in den Südstaaten spielte sicher eine nicht geringe Rolle, aber nicht minder der schwelende Konflikt zwischen der politischen Führung, die mit dem Präsidenten an der Spitze die „Zentralmacht" darstellte, und den permanenten autokratischen Bestrebungen der einzelnen Bundesstaaten (ein Spannungsfeld, das bis heute existent ist).

Bedingt durch die Kompromisse bei der Staatsgründung existierten zwei unterschiedliche rechtliche Rahmenbedingungen: Die neue Verfassung sicherte, dass in allen Gründerstaaten, in denen es die Sklaverei bereits gab, diese rechtlich weiter bestehen konnte. Aber nur in diesen Staaten. Als neue Staaten den USA beitraten, wie etwa Maine und Missouri (in beiden gab es die Sklaverei) musste der Missouri-Kompromiss her, der besagte, das nun eine „geographische" Trennlinie entschied, wo Sklaverei rechtens war. Diese Grenze wurde Mason-Dixon-Linie genannt – in den Staaten nördlich davon war die Sklaverei verboten, südlich davon erlaubt. (Missouri, obwohl nördlich gelegen, erhielt trotzdem die Berechtigung zur Sklaverei.)

1850, nach dem Krieg mit México (1848), erweiterten die USA ihr Territorium beträchtlich. Ein neuer Südstaat, Kalifornien, lehnte aber die Sklaverei ab und verhinderte so ihre Ausweitung nach Westen. Dafür entschieden sich die anderen neuen Staaten, New Mexico und Arizona, für die Sklaverei.

Damit veränderten sich die Kräfteverhältnisse im US-Senat mal zu Gunsten der Nordstaaten, mal zum Vorteil der Südstaaten…

Als 1854 der Missouri-Kompromiss von Senat aufgehoben wurde, verstärkten sich die Spannungen. Letztlich war aber die Problematik im Pro und Kontra bezüglich der Sklaverei nur ein kontrovers beurteiltes Thema, wesentlich bedeutsamer war der Konflikt zwischen zentraler Macht und bundesstaatlicher Eigenständigkeit, die vorrangig von den Südstaaten angestrebt wurde. Die Sklavenproblematik diente vielmehr als ein Argument für einen Krieg, in dem entschieden wurde, ob die durch den Präsidenten verkörperte Machtzentrale künftig von großer oder aber von geringer Bedeutung sein würde. So lag eine Spaltung der USA permanent im Bereich des Möglichen.

Als Abraham Lincoln, trotz aller Widerstände des Südens, 1860 zum Präsidenten gewählt wurde, kam ein Mann an die Macht, der bedingungslos für die Erhaltung der USA stand.

Die Mehrzahl der Südstaaten trat daraufhin aus der Union aus. Der Krieg der Gegensätze war nicht mehr aufzuhalten.

Lincoln im Kreis von Offizieren und Soldaten der Armee der Union (historische Aufnahme)

Bedeutsam für diesen Krieg war auch der grundsätzliche Gegensatz zwischen dem Norden, der sich auf dem Weg fortschreitender Industrialisierung befand, und dem auf mehr oder weniger feudale Landwirtschaft und Sklaven als billige Arbeitskräfte bauenden Süden.

Insofern ist der Gedanke nicht abzuweisen, dass es tatsächlich eine Begründung auf Seiten des Nordens gab, die Abschaffung der Sklaverei mit dem Bürgerkrieg zu verknüpfen: jede Industrialisierung am Beginn kapitalistischer Entwicklung braucht permanent Arbeitskräfte. In England kamen sie aus der Landbevölkerung, wo Abertausende um ihren Besitz gebracht wurden – für sie gab es nur noch den Weg in die Fabriken. Die Sklaverei im Süden verhinderte natürlich die Freizügigkeit billiger Arbeitskräfte, die aber aus Sicht des Nordens prinzipiell wichtig war, um den Bedarf an Arbeitskräften zu sichern…

Die Streitkräfte der Union siegten nach vier Jahren harter und opferreicher Kämpfe über die Armee der Konföderierten in einem Krieg, der noch immer gegenwärtig ist.

Lincoln hatte sein Ziel erreicht, die Bundesstaaten verblieben im Verbund der USA und die Sklaverei gehörte (formal) der Vergangenheit an.

Mit dem Kriegsende wurden die Südstaaten, die der Konföderation angehört hatten, wieder in die Union eingegliedert. Die Sklaverei wurde mit einem Verfassungszusatz abgeschafft.

Doch es geschah, was nach einem Krieg eigentlich immer geschieht: Der Gewinner will die „Früchte" seines Sieges „ernten" – lax ausgedrückt er will sich zu Lasten des Verlierers bereichern. So sahen es auch verschiedene Interessengruppen in den Nordstaaten. Die Realisierung ihrer Pläne war vor allem deshalb unmöglich, weil Abraham Lincoln ein strikter Gegner solcher Vorhaben war. Sein Ziel, den Erhalt der gesamten Union, hatte er erreicht und es lag ihm nichts daran, den einstigen Gegner noch weiter zu demütigen oder wirtschaftlich auszuplündern. Damit machte er sich in den eigenen Reihen keine Freunde, nicht einmal seine politischen Partner in Senat und Regierung standen wirklich zu ihm. Aber Lincoln war eine dominante Persönlichkeit, unnachgiebig wie schon im Bürgerkrieg. Gegen ihn waren diese Pläne nicht durchsetzbar. Bis zum 14. April 1865...

„Jetzt, am 14. April, setzte Booth auf ein Attentat, wobei er den Präsidenten ‚übernahm', die anderen vier Männer sollten den Vizepräsidenten Johnson und den bettlägerigen Staatssekretär Seward ermorden; einer von ihnen – der auf Johnson angesetzt war – bekam in letzter Minute Gewissensbisse, der andere drang in Sewards Haus ein – unter dem Vorwand ein Medikament zu bringen - und verletzte sein Opfer durch einen Pistolenschuß, während sein Komplize ihn draußen deckte. Der Vierte, ein südstaatlicher Spitzel verschwand (...) Booth aber erreichte sein Opfer in der direkt neben der Bühne liegenden Theaterloge, hatte allerdings damit gerechnet, dort auch General Grant* zu erschießen, der in letzter Minute noch den Theaterbesuch abgesagt hatte."[3]

Zeitgenössische Darstellung: John Booth trifft Abraham Lincoln aus kürzester Entfernung

---

* General Ulysses Grant, Befehlshaber der Armee der Union und Sieger im Kampf gegen die Truppen der Konföderierten, deren Oberbefehlshaber General Lee am 9.4.1865 kapitulierte. Der Bürgerkrieg war damit entschieden.

[3] Ekkehardt Krippendorff: „Abraham Lincoln 1865" in: „Das Attentat in der Weltgeschichte" a. a. O., Seite 235

Nachdem John Wilkes Booth Lincoln tödlich getroffen hatte, nutzte er die allgemeine Verwirrung zur Flucht. Nach vierzehntägiger Suche wurde er gestellt und noch vor Ort erschossen, was merkwürdig genug war. Standen hinter Booth führende Männer aus der weiteren Umgebung Lincolns? Oder sollte unbedingt verhindert werden, dass der bekannte Schauspieler und hasserfüllte, militante Anhänger der Südstaaten sein Wissen preisgab? Weitere Verhaftungen folgten – es waren schließlich neun Verschwörer, die festgenommen wurden. Damit war eindeutig bewiesen, dass es eine Verschwörung war, der Abraham Lincoln zum Opfer fiel.

Mit diesem, dem ersten Attentat auf einen amerikanischen Präsidenten sind merkwürdige Begleitumstände verbunden, die zumindest folgende Fragen nach sich ziehen: Warum standen die beiden Leibwächter des Präsidenten nicht vor dem Eingang zur Loge? Warum wurde die Verantwortung für den Schutz des Präsidenten einem alkoholkranken Polizisten übertragen, der seinen Posten nach dem Beginn der Vorstellung auch noch verließ? Warum wurde dieser Polizist nicht zur Verantwortung gezogen und angemessen bestraft?

Fragen, die schon längst nicht mehr zu beantworten sind. Schließlich und endlich hatte es zum künftigen Umgang mit den besiegten Südstaaten grundsätzliche Meinungsunterschiede zwischen Lincoln und einigen Regierungsmitgliedern gegeben. „Lincoln wollte den Süden nach dem Krieg wieder aufbauen", so der Historiker Jan von Flocken. „Doch einige Regierungsmitglieder und Konzerne wollten billig an den Besitz der Südstaaten kommen – und dafür mussten sie an Lincoln vorbei."[4]

Unter seinem Nachfolger, dem bisherigen Vizepräsidenten Andrew Johnson, wurde der Weg zur Ausplünderung des Südens frei. Ländereien, Gebäude u. a. wurden zu Niedrigpreisen aufgekauft. Der Großteil aller Vermögenswerte befand sich danach in den Nordstaaten, deren Industrialisierung immer schneller voranging…

---

[4] zitiert nach „Welt der Wunder", Ausgabe 8/ 2010, Heinrich Bauer Verlag GmbH, Hamburg, Seite 33

Aus alldem, was damals ermittelt oder bekannt wurde, lässt sich allerdings keine direkte Tatbeteiligung von Politikern oder Industriellen nachweisen. Sicher ist definitiv nur, dass die Ermordung Abraham Lincolns offensichtlich ihren Plänen im Bezug auf die Südstaaten Tür und Tor öffnete. Geht man davon aus, dass Booth mit großer Wahrscheinlichkeit die ihm verhassten Hauptverantwortlichen für die Niederlage der Südstaaten, Lincoln und General Grant, richten wollte, dann hat er sein Ziel im Falle des Präsidenten erreicht. Der Ort war gut gewählt, denn dass ein bekannter Schauspieler sich in einem Theater aufhielt, war kein Grund misstrauisch zu werden. Warum es ihm so einfach gemacht wurde, aus nächster Nähe den einen tödlichen Schuss abzugeben, wird nicht mehr zu klären sein. Dafür ist umso eindeutiger, dass sein Attentat den Mann tötete, der als einziger in der Lage gewesen wäre, die folgende Ausplünderung des Südens zu verhindern.

Diese und die vorangegangene Niederlage des Südens wirkten lange Zeit – bis heute – im Verhältnis von Nord- und Südstaaten nach.

Seit 1865 leben die Präsidenten der USA beinah noch gefährlicher als die russischen Zaren. Durch Attentate starben seitdem: James A. Garfield am 2. Juli 1881 (er war der 20. Präsident der USA), William McKinley am 6. September 1901 (25. Präsident) und John F. Kennedy am 22. November 1963 (35. Präsident, dazu ausführlich im Abschnitt III); verletzt wurden bei Attentaten die Präsidenten Theodore Roosevelt (1912) und Ronald Reagan (1981). Weitere Attentate – etwa vierzehn – waren erfolglos…

Die todbringende Bittstellerin
Die Ermordung Jean Paul Marats durch Charlotte de Corday

Der Ablauf des Attentats auf Marat ist gerichtsaktenkundig. Diese Akten besagen, „daß sich am Abend des 13. Juli 1793 Marie Anne Charlotte des Corday d'Armont zur Wohnung Jean Paul Marats in der Rue des Cordeliers in Paris Zutritt verschaffte. Zweimal war sie bereits zurückgewiesen worden. (…) Es gelang ihr, sich zusammen mit einem der Hausangestellten in die Wohnung hineinzudrängen. Marat vernahm die lautstarke Auseinandersetzung im Eingang, als sie wieder aus der Wohnung gewiesen wurde, und befahl, sie zu sich zu lassen. (…). Eines schweren Hautekzems wegen pflegte er längere Zeit, wie auch in diesem Moment, in der Badewanne zuzubringen, da das mit Heilkräutern versetzte Wasser den Juckreiz linderte. Seine Lebensgefährtin, Simonne Évrard, führte die Corday in den Raum und verließ ihn. Charlotte wandte sich an Marat und teilte ihm mit, daß in Caen eine Rebellion geplant sei. (…) Sie nannte ihm eine Liste der Anführer. Marat notierte die Namen und antwortete *sinngemäß: ‚Gut, dann werden sie mit der Guillotine hingerichtet'.* Daraufhin zog Charlotte Corday ein Messer heraus und stieß es Marat in die Brust."[5]

---

[5] Thomas W. Gaetgens: „Davids Marat (1793), in: „Das Attentat in der Weltgeschichte" a. a. O., Seite 187/ 188

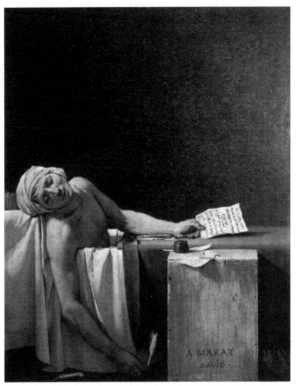

Das wohl bekannteste zeitgenössische Gemälde zum Tode Marats, sein Schöpfer der bedeutendste Maler des französischen Klassizismus, Jacques Louis David, ist 1793 entstanden – im Jahr des Attentats von Charlotte Corday

Marat, der noch lebte, wurde auf sein Bett gelegt, aber jede Hilfe durch die herbeigerufenen Ärzte kam zu spät. Charlotte de Corday wurde überwältigt und kam vor ein Gericht, das sie zum Tode verurteilte.

Für die Annäherung an die Motive Charlotte de Cordays, Jean Paul Marat zu töten, ist es unumgänglich, in gebotener Kürze die Ursachen und den Verlauf der Französischen Revolution von 1789 und die Auswirkungen dieses Attentats auf den weiteren Ablauf der Revolution zu betrachten.

40

Zeitgenössisches Porträt der Charlotte de Corday

Marat, einer der Revolutionäre in exponierter Position – nicht zuletzt, weil er unermüdlich publizistisch für die Revolution arbeitete. Und Charlotte de Corday, eine unbedeutende, unauffällige Frau aus dem einfachen Landadel, aber Royalistin, die sich von Caen aus auf den Weg machte, um Marat zu töten…und damit ebenso einen Platz in den Geschichtsbüchern fand.

Wirklichen Revolutionen sind spontane Volksaufstände, die durch unerträgliche Zustände in dieser Zeit durch absolutistische Willkür, durch Rechtlosigkeit, rücksichtslose Ausplünderung, Verelendung hervorgerufen werden, wenn die wachsende Verzweiflung, in Hass und Wut umschlägt, so dass die Masse der verarmten Bauern und Stadtbewohner zum Widerstand und Aufstand bereit sind. Ein oft nicht einmal besonders bedeutsamer Vorfall reicht dann aus, und die Revolution bricht aus. Die herrschenden Kräfte unternehmen alles, was in ihren Kräften steht, um ihre Macht wieder zu gewinnen – die Konterrevolution setzt ein. Dann beginnt ein

Kampf um Sein oder Nichtsein, um Leben und Tod, der geprägt ist von rücksichtsloser, gnadenloser Härte, vom Einsatz aller Mittel, ohne Recht und Gesetz. Jeder der beiden Widersacher macht sich seine Gesetze selbst – das Todesurteil steht in diesen ganz oben.

Als am 5. Mai 1789 die Reichsstände* nach Versailles berufen wurden, verweigerten bei einer eigentlich notwendigen Wahlprüfung der erste (Geistlichkeit) und zweite Stand (Adel) ihre Mitwirkung. Darauf hin führten die Vertreter des dritten Standes diese alleine durch und erklären sich am 17. Juni zur Nationalversammlung. Am 20. Juni schworen die Vertreter des dritten Standes im Ballspielhaus, sich nicht eher zu trennen, als bis sie dem Land eine Verfassung gegeben haben würden. Der „Ballhausschwur" richtete sich unmissverständlich gegen die absolutistische Monarchie...
Die Versammlung, der sich inzwischen auch Vertreter der beiden anderen Stände angeschlossen haben, begann ihre Beratung für eine neue Verfassung, als Gerüchte in Paris die Runde machen, dass die Nationalversammlung aufgelöst werden solle. Jäh brach der Aufstand los. Das berüchtigte Gefängnis von Paris, die Bastille, wurde von den Aufständischen erstürmt und zerstört. Zur gleichen Zeit begannen die Unruhen in den Provinzen. Die Revolution, die über Jahre in Frankreich herrschen wird, hat begonnen.
Zahllose Adlige und Priester, vor allem aus der Provinz, verließen Frankreich
Vorerst blieb Ludwig XIV. noch unbehelligt. Doch über Macht verfügte er nicht mehr. Nach einem Fluchtversuch nach Varennes wird er in den Tuillerien festgehalten. Die Nationalversammlung löste sich 1791 auf, an ihre Stelle trat die Gesetzgebende Versammlung, die 1792 von einem Nationalkonvent abgelöst wurde.

---

* Die Reichstände setzten sich aus 300 Adligen, 300 Geistlichen und 300 Vertretern des Bürgerstandes zusammen.

Revolution und Gegenrevolution fordern immer neue Opfer – so viele, dass ihre Hinrichtung durch eine neue Maschine, die Guillotine, beschleunigt wird.

In der Nationalversammlung bildeten sich diverse Gruppierungen – die wichtigsten waren die gemäßigten Girondisten, mit Danton, einem begnadeten Redner, an der Spitze, und die radikale Bergpartei, zu der Marat gehörte, zu dieser Zeit der wohl bekannteste Revolutionsführer, und auch die Gruppe der Jacobiner mit Maximilian Robespierre als ihrem Kopf.

Die Konterrevolution formierte sich und fand in Österreich und Preußen und anderen deutschen Staaten Verbündete, um deren Unterstützung auch der König ersucht hatte. Ihre Armeen marschierten 1792 in Frankreich ein. 1792 wurde Ludwig XIV. vor dem Konvent des Verrats angeklagt, zum Tode verurteilt und am 21. Januar 1793 hingerichtet, die Königin, Marie Antoinette folgte ihm später unter die Guillotine.

Im Kampf der Girondisten und der Bergpartei behauptete sich die Bergpartei; ein so genannter Wohlfahrtsausschuss mit neun Mitgliedern, anfänglich sogar unter Führung des hoch angesehenen Girondisten Danton, übernahm die politische Führung. Ein Revolutionstribunal wurde geschaffen.

In dieser Zeit machte sich Charlotte de Corday auf den Weg nach Paris. Dass sie ausgerechnet Marat töten wollte, dürfte damit zu begründen sein, dass er zu diesem Zeitpunkt ohne Zweifel durch seine publizistische Arbeit einer der bekanntesten Persönlichkeiten der Revolution gewesen ist. Gerade sein Name war sicher auch in Caen besonders bekannt.

Wie verlief nun die Entwicklung der Revolution nach dem Tode Marats? Die Invasionsarmeen der europäischen Fürsten wurden geschlagen. Der Konflikt zwischen Danton und den Girondisten mit den Jacobinern unter Robespierre spitzte sich zu. Nach Marats Tod war dieser der uneingeschränkte und fanatische Führer, der sich noch 1793 an die Spitze des Wohlfahrtsausschusses setzte, neben ihm der gleichermaßen fanatische Saint Just an der Spitze des Revolutionstribunals.

Marats Tod nutzte einzig und allein Robespierre und Saint Just, ließ sich doch nach diesem Mord jegliche Gewalt nachhaltig begründen. Schließlich wurde der Machtkampf gegen die Girondisten genauso gnadenlos ausgetragen, wie der Kampf gegen Adel und Priesterschaft. Danton und zahllose bekannte und unbekannte Girondisten gingen den Weg zur Guillotine.

Noch immer wütete der Krieg, vor allem im Süden des Landes, wo sich ein korsischer Artilleriehauptmann namens Napoleon Bonaparte bei der Belagerung Toulons erstmals einen Namen machte.

Der manisch getriebene Robespierre schaffte nicht nur den bisherigen Kalender ab, sein gewalttätiges Streben galt einer neuen Gesellschaft ohne Religion und ohne Feiertage, basierend auf einem Kult der Vernunft. In dieser hatten aber nur jene Platz, die so dachten wie Robespierre. Um alle, die dem nicht zu folgen bereit waren, kümmerte sich der stets als besonders tugendhaft gepriesene Saint Just. Offen bleibt hier die Frage, ob ein Marat bereit gewesen wäre, diesen blutigen Weg mitzugehen. Als anerkannte Autorität hätte er – als einer der ganz wenigen – die Möglichkeit gehabt, sich dem entgegenzustellen. Allerdings schließt das ebenso wenig aus, dass ihn Saint Just gerade deshalb auf die Guillotine geschickt hätte.

Am 27. Juli 1994 endete mit dem Sturz Robespierres die Schreckensherrschaft der Jacobiner, Am 29. Juli wurden er und 71 seiner Anhänger enthauptet.

Frankreich lag vorerst wirtschaftlich am Boden. Nach der Zeit Konsular-Herrschaft ab 1799 bekommt das Land 1804 dann einen neuen Kaiser – Napoleon I.

Und mit ihm beginnt ein neuer Aufstieg Frankreichs zur Großmacht.

Ein eher unauffälliger Student
Karl Ludwig Sand und August von Kotzebue

Die Ursprünge dieses Attentats im Jahre 1819, als Karl Ludwig Sand August von Kotzbue in dessen Wohnung erstach, lagen einige Jahre zurück und bewegten sich im Unterschied dazu in europäischen Dimensionen.

Nachdem Napoleon I. mit seinem Feldzug gegen Russland 1812/ 13 gescheitert war, traf er auf eine Allianz von Preußen, Österreich und Russland. In der so genannten Völkerschlacht bei Leipzig (16.- 19. Oktober 1813) unterlag Napoleon I. entscheidend.

Zur Erinnerung an den Sieg der Allianz über Napoleon erbaut –
das Leipziger Völkerschlachtdenkmal

Die Heere der Allianz betraten französischen Boden, Napoleon entsagte der Krone und wurde auf die Insel Elba verbracht. In majestätischer

Selbstherrlichkeit setzten die Sieger wieder einen Bourbonen als französischen König ein, den Bruder des 1793 hingerichteten Ludwig XIV., der als Ludwig XVIII. den Thron bestieg.

Napoleon I. führte bei seinem Feldzug gegen die europäischen Länder aber nicht nur Kanonen und Gewehre mit sich, sondern auch zwei Gesetzbücher – den „Code Civil" und den „Code Napoleon". Es waren die fortschrittlichsten Gesetzeswerke dieser Zeit, die in den eroberten Ländern eingeführt wurden.

Unter Beteiligung der Kaiser von Österreich und Russland, der Könige von Preußen, Dänemark, Bayern und Württemberg und weiterer deutscher Fürsten, trafen sich die Diplomaten Europas zur Wiederherstellung der europäischen Ordnung zum „Wiener Kongress" (1814 bis 1815).

Mitten in die fürstlichen Verhandlungen platzte die Botschaft, dass Napoleon von Elba aus nach Frankreich zurückgekehrt sei und sich Paris nähere. Noch einmal übernahmen die Feldherren das Kommando, denn Napoleon fand bei den Franzosen jegliche Unterstützung. In der berühmt gewordenen Schlacht bei Waterloo (eigentlich Belle-Alliance) begünstigte das Kriegsglück die Allianz – „Ich wollte es wäre Nacht, oder die Preußen wären da" – und die Preußen unter Blücher kamen gerade noch rechtzeitig. Nach dieser Niederlage wurde die kleine Insel St. Helena Napoleons letzte Lebensstation.

Ausgerechnet dem französischen Chefunterhändler Talleyrand, schon Napoleons Außenminister, spielte Napoleons Rückkehr in die Karten. Mit außergewöhnlichem diplomatischem Geschick gesegnet, schaffte er es, dass Frankreich, das ja alle Kriege begonnen hatte, so gut wie keine Verluste hinnehmen musste. Für die anderen europäischen Königs- und Fürstentümer setzte sich die Linie des österreichischen Staatskanzlers, Fürst Metternich, durch – die Restauration der politischen Verhältnisse vor Napoleon. Lediglich einige deutsche Fürsten, die dem von Napoleon gegründeten Rheinbund angehört hatten, mussten Gebiete abtreten. Vor allem verhinderte Metternich, der kein starkes Deutschland wollte, die Wiederherstellung der deutschen Kaiserwürde. Zur großen Enttäuschung vieler Deutscher blieb die Kleinstaaterei im Grundsätzlichen erhalten.

Jeder Widerstand gegen diese Restauration wurde unnachgiebig verfolgt und bestraft – letztlich war aber der Wille nach Veränderungen auf Dauer nicht zu unterdrücken.

Insbesondere unter den deutschen Studenten entstand mit ihren Burschenschaften eine Bewegung, die immer nachhaltiger einen deutschen Nationalstaat forderte. Ganz im Geiste der Befreiungskriege – so in der Berufung auf das Lützower Freicorps, das von dem Dichter und Kämpfer Theodor Körner in seinen Versen gefeiert wurde – suchten diese Gruppen nach Wegen, um ihren Vorstellungen und Forderungen Gehör zu verschaffen. Die „Lützower" das waren Männer, die aus freier Entscheidung in den Krieg gegen Napoleon gezogen waren, als mutige Männer der Tat...

Anlässlich des 300. Jahrestages des Thesenanschlags Martin Luthers (31. Oktober 1517) und im Gedenken an die Völkerschlacht bei Leipzig (16. bis 19. Oktober 1813) lud die Jenaer Burschenschaft Vertreter deutscher Universitäten zum 18. Oktober 1817 auf die Wartburg zu einem „Nationalfest" ein. Unter dem Motto „Ehre, Freiheit, Vaterland" wurden Reden gehalten; es folgte u. a. auch eine Verbrennung reaktionärer Schriften. Zu einer politischen Willenserklärung kam es noch nicht.*

Trotzdem war die Empörung in den Herrscherhäusern in Deutschland groß – gefordert wurde das Verbot der Jenenser Burschenschaft, die Bestrafung der teilnehmenden Professoren bis hin zur Schließung der Jenaer Universität als „Brutstätte von Aufruhr und Gefährdung der Gottgewollten Ordnung".

---

* Demgegenüber wurden auf dem Hambacher Fest vom 27. bis 30. Mai 1832 durch die Festteilnehmer klare Forderungen formuliert: Freiheit (Versammlungsfreiheit, Pressefreiheit, Meinungsfreiheit), Bürgerrechte, nationale Einheit, eine Neuordnung Europas auf der Grundlage gleichberechtigter Völker, Volkssouveränität und religiöse Toleranz. Beim Hambacher Fest wurden zum ersten Mal in größerer Anzahl schwarz-rot-goldene Trikoloren mitgeführt, die das Streben nach Freiheit, Bürgerrechten und deutscher Einheit symbolisieren sollten. Diese Farben waren im Zusammenhang mit der Burschenschaftsbewegung bereits zu einem Symbol für ein einiges Deutschland geworden.

Nach dem „Wartburgfest" zog es den Studenten Karl Ludwig Sand nach Jena. Er war neben seinen Studien durchaus im politischen Sinne aktiv, ohne dabei besonders aufzufallen oder erfolgreich zu agieren. Sein wichtigster Schritt auf diesem Feld, der allerdings eine neue Ausrichtung bedeutete, war seine Beteiligung an der Gründung eines „wissenschaftlichen Vereins" innerhalb der Burschenschaften. Einer der Köpfe dieser Gruppe, Karl Follen, führte eine Gruppierung an, die sich als die „Unbedingten" bezeichnete. Deren Unbedingtheit sah das politische Attentat als eine Möglichkeit des Widerstandes an. Dieser Gruppierung schloss sich Sand alsbald an. Er verehrte insbesondere in Theodor Körner einen Mann des Wortes und der Tat.

Im Fokus der Burschenschaften stand ein eigentlich nicht wirklich hochgestellter Mann, der Schriftsteller und auch politisch tätige Staatsrat August von Kotzebue. Er war in seinen politischen Ansichten ein stringenter Vertreter der Restauration. Was ihm allerdings besonderen Hass eintrug, war, dass er regelmäßig dem Zarenhof Berichte über deutsche Verhältnisse übermittelte. Das machte ihn in den Augen vieler Studenten zum Vaterlandsverräter...

So sah es auch Sand, der sich nach und nach mit dem Gedanken vertraut machte, dass Kotzebue sterben und er diese Tat ausführen müsse. Und schließlich machte er sich auf den Weg.

„Am 23. März 1819, vormittags um 10 Uhr, langte in Mannheim mit der Postkutsche aus Darmstadt ein junger Mann an, der wie viele seines Alters altdeutsche Tracht trug, also einen schwarzen Anzug mit roter Weste, darüber einen offenen Schillerkragen; in seinem geringfügigen Gepäck das Johannesevangelium, Theodor Körners Liedersammlung „Leyer und Schwert", sowie zwei Dolche. Er nahm im Gasthof „Zum Weinberg" Quartier, ... und fragte nach der Wohnung des Staatsrates v. Kotzebue, wohin er sich alsbald begab. Dem öffnenden Diener erklärte er, aus dem russischen Kurland zu kommen und dem Herrn Staatsrat Briefe von dessen Mutter übergeben zu wollen. Ihm wurde bedeutet, er solle später wiederkommen, (...). Gegen 5 Uhr des Nachmittages erschien er wieder vor der Haustür des Staatsrates v. Kotzebue und wurde sogleich vorgelassen. In einem Nebenzimmer wartete er einige Minuten; endlich trat der Staatsrat ein, ging auf den Besucher zu und fragte: ‚Sie sind also aus Mitau?' Der zog einen im linken Rockärmel verborgenen Dolch hervor und stieß mit den Worten: ‚Hier, Du Verräther des Vaterlandes!' mehrmals mit voller Kraft zu. (…). Der Getroffene griff nach dem Mörder und riß ihn im Fallen mit zu Boden; er war aber fast sofort tot.

Zeitgenössische Darstellung des Attentats – links Sand, den Dolch gegen sich selber richtend und der tote Kotzebue

Eigentlich hatte der Mörder geplant, sogleich zu fliehen, und wahrscheinlich wäre ihm das gelungen, denn niemand sonst war bei der Tat zugegen; aber der vierjährige Sohn Kotzebues erschien im Türrahmen, und in dem Mörder entflammte wohl jähes Schuldgefühl, denn er stach sich den Dolch in die eigene Brust (…). Er stürzte die Treppe hinab aus dem Haus, kniete vor den herumstehenden Passanten nieder und stieß sich den Dolch mit den Worten: ‚Ich danke Dir Gott für diesen Sieg!' nochmals in die Brust."[6] So oder ähnlich dürfte sich alles in den wenigen Minuten abgespielt haben. Der schwer verwundete Karl Ludwig Sand blieb am Leben, wurde gesund gepflegt. Dann wurde er vor Gericht gestellt und zum Tode verurteilt. Er bekannte sich einschränkungslos zu seiner Tat, die er als einen Auftrag seines Gewissens erklärte.

Neben Charlotte de Corday wurde Karl Ludwig Sand einer der bekanntesten Einzeltäter im 18. bzw. 19. Jahrhundert. Beiden ist in gewisser Weise gemeinsam, dass sie sich – angetrieben vom eigenen Willen – buchstäblich auf den Weg machten und keine wirklichen Schwierigkeiten zu überwinden hatten, sich Marat bzw. Kotzebue zu nähern, um diese zu erstechen. Gemeinsam war ihnen auch, dass sie nicht nur ihr Leben riskierten, sondern zum Tode verurteilt und hingerichtet wurden.
Charlotte de Corday, Royalistin von bescheidenem Landadel, ermordete einen Revolutionär, der die Königsherrschaft stürzen wollte, Karl Ludwig Sand, aufrührerischer Student, tötete einen reaktionären kleinen Beamten und Schreiber, der den Gedanken des geeinten Vaterlands verriet.
Beide waren nicht Teil einer Verschwörung, niemand hatte sie beauftragt, noch hatten sie wirkliche Mitwisser, was sie von vielen so genannten Einzeltätern eindeutig unterscheidet. Auch wenn sie nicht zu den „klassischen" Tyrannenmördern zu zählen sind, ihre Attentate blieben nicht unbedingt folgenlos – allerdings in keiner Weise in ihrem Sinne.

---

[6] Hagen Schulze: Sand, Kotzebue und das Blut des Verräters (1819); in: Das Attentat in der Geschichte; a. a. O., Seite 215

Leben und Sterben der Romanows
Das Attentat auf Zar Alexander II., der verhinderte Anschlag auf Alexander III. und der Mord am letzten Zaren Nikolaus II. und seiner Familie

Zar Alexander II. herrschte von 1855 bis 1881. Sein Herrschaftsantritt fiel in die Zeit des Krimkrieges (1854 bis 1856), nachdem die Türkei Russland den Krieg erklärt hatte, als ihre Forderung nach Rückgabe der von den Russen eroberten Donaufürstentümer abschlägig beschieden worden war. Im Bündnis mit der Türkei befanden sich England und Frankreich; auch Österreich und Preußen unterstützten die türkischen Forderungen. Hauptkriegsschauplatz war die Hafenstadt Sewastopol, die erfolgreich von Franzosen und Engländern belagert wurde...

Im Frieden zu Paris 1856 verlor Russland seine Vormachtstellung auf dem Balkan und musste Gebiete abtreten; nur Serbien blieb ein Verbündeter des russischen Reiches.

Nicht gerade ein „Traumstart" für den neu gekrönten Zaren! Obwohl die Leibeigenschaft 1861 von Alexander II. abgeschafft wurde, blieben die existentielle soziale Not der Bauern und ihre Abhängigkeit von den adligen Gutsbesitzern bestehen. Reformversuche des Zaren verbesserten vor allem die Verwaltung und das Bildungswesen (nach deutschem Vorbild). Dagegen verstärkte sich das Streben nach der Vorherrschaft Russlands über alle slawischen Völker – der „Panslawismus", der 1877 zum Russisch-Türkischen Krieg führte, der die türkische Vormachtstellung auf dem Balkan beendete.

Letztlich wurden Anhänger liberaler Gedanken durch die politische Polizei nicht nur überwacht, sondern sie waren auch Repressalien ausgesetzt.

Mit den Anfängen der Industrialisierung entstanden innerhalb der herrschenden Adelskreise unterschiedliche Interessengruppen. Jene Kreise, die an den neuen Entwicklungen interessiert waren, sahen die Zarenherrschaft in bestimmter Weise als hinderlich für ihre Ziele an. Es bildeten sich – vor allem unter Intellektuellen – legale, meist aber illegale Gruppen, die demokratische Veränderungen forderten. In den Jahren von 1859 bis 1861 spitzten sich die Gegensätze so stark zu, dass viele von einer Art revolutionärer Krise sprachen.

Wichtige Gruppierungen dieser Richtung waren neben „Semlja i wolja" (Land und Wille) und „Das junge Rußland" vor allem die „Narodniki" (Volkstümler).

In dieser Zeit entwickelte Bakunin seine theoretischen Konzepte und Begründungen für den Anarchismus.

Mehr oder weniger sahen die Gruppierungen ihre Aufgabe auch darin, die Befreiung der Bauern* zu erkämpfen. Ihr Kampf hatte keine wirkliche Aussicht auf Erfolg, weil es sich zu dieser Zeit als unmöglich erwies, die Masse der Bauern zu erreichen und mit ihnen den Widerstand zu organisieren…

Die Erfolglosigkeit beeinflusste die weitere Entwicklung dieser Bewegungen hinsichtlich ihrer Ziele und ihrer Vorstellungen über die Methoden, wie die Auseinandersetzung mit der Zarenherrschaft erfolgreich sein könnte…

1879 bildete sich eine konspirative Vereinigung, die von Angehörigen früherer Gruppierungen gegründet wurde. Sie gab sich den Namen „Narodnaja Wolja (Volkswille). Ihr Programm enthielt die Beseitigung des Zarismus, freie Wahlen, die Forderung nach einer Verfassung und nach den bürgerlichen Freiheiten.

Den einzigen Weg, diese Forderungen durchzusetzen, sahen sie in der Beseitigung des Zaren als d e n Verantwortlichen für die reaktionären Verhältnisse in Russland durch ein Attentat. Am 13. März 1881 standen Mitglieder der Gruppe, bewaffnet mit selbstgebauten Bomben am Gribojedow-Kanal, dem Weg, den Alexander II. um diese Zeit stets zu gehen pflegte; der erste Bombenwerfer, Nikolai Ryssakow, ein Student, verfehlte insofern sein Ziel, als der Zar die Detonation unverletzt überleb-

---

* Die Zeit der großen Bauernaufstände unter Stenka Rasin (1767 – 71) und Jemeljan Pugatschow (1773 – 75) lag lange zurück. Pugatschow gab sich selbst als Zar Peter III. aus, womit er seinen Führungsanspruch begründete. Rasin und Pugatschow und zahllose Aufständische wurden hingerichtet.

te. Als Ryssakow von den Wachen festgenommen wurde, soll er dem Zaren noch zugerufen haben: „Freuen Sie sich nicht zu früh." Die Bombe, die ein zweiter Verschwörer auf den Zaren warf, explodierte unmittelbar vor Alexander II., der, schwer verletzt, nach wenigen Stunden starb.

Zeitgenössische Darstellung des Attentats auf Alexander II.; sie zeigt den Moment der Detonation der ersten Bombe (eine mit Dynamit gefüllte Konservendose)

Die weiteren Führungsmitglieder[*] des „Narodnaja Wolja" konnten von der zaristischen Geheimpolizei, der „Ochrana", mit Hilfe eines Denunzianten, Sergei Degajew, Mitglied der engeren Leitung, ermittelt und verhaftet werden. Sie wurden hingerichtet, verbannt oder zu Festungshaft, die oft einem Todesurteil gleich kam, verurteilt. Der „Narodnaja Wolja" existierte nicht mehr.

Dem toten Zaren folgte Alexander III. auf den Thron; das Attentat, zwar erfolgreich, veränderte nichts, im Gegenteil: es diente viel mehr als Be-

---

[*] Wera Figner (Sie stammte aus einer Adelsfamilie, wurde zum Tode verurteilt, begnadigt und 1904 aus der Festungshaft entlassen, kehrte 1915 nach Russland zurück, wo sie nach der Oktoberrevolution blieb und ihre Memoiren „Nacht über Rußland" schrieb), Alexander Uljanow, Ljudmila Wolkenstein, Józef Piłsudski, Alexander Solowjow, Arkadi Tyrkow, Michail Frolenko u. a.

gründung für Repressionen, Überwachungen, Willkür gegenüber in Verdacht Geratenen, ob Schriftsteller oder Studenten...

Ein verhindertes, aber folgenreiches Attentat
Zar Alexander III. und Alexander Uljanow im Jahr 1887

Der Student Alexander Uljanow, der zum Kreis der Attentäter beim tödlichen Anschlag auf Zar Alexander II. gehört hatte, blieb danach weiter aktives Mitglied des „Narodnaja Wolja" und gehörte zu dem kleinen Kreis, der überzeugt davon war, dass der individuellen Terror der Weg eines notwendigen Widerstandes war.

Im Fokus stand nun der Nachfolger des ermordeten Alexander II., Zar Alexander III.

Alexander Uljanow konnte das notwendige Geld auftreiben, um Dynamit für einen Anschlag zu besorgen. Seine engsten Gefährten bei der Vorbereitung des Attentats waren die polnischen Brüder Bronisław und Józef Piłsudski*.

Als Mitglieder der Gruppe den Weg des Zaren zur St. Petersburger Kathedrale beobachteten, auf dem sie wohl ihr Attentat planten, wurden sie eher zufällig von Beamten der Petersburger Polizei beobachtet und schließlich verhaftet. Es waren sechzehn Mitglieder der Gruppe, die vor Gericht gestellt wurden. Im Prozess allesamt zum Tode verurteilt, wurden dann zehn der Angeklagten zu lebenslanger Haft begnadigt, die anderen sechs, unter ihnen Alexander Uljanow, wurden in der Petersburger „Schlüsselburg" gehenkt.

Im fernen Simbirsk erfuhr der jüngere Bruder Alexanders, der gerade sein Abitur ablegte, vom Tod Alexanders, der ihm besonders nahe gestanden hatte. Wladimir

---

* Dass es zwei Polen waren, kann nicht überraschen – schließlich standen nach der dritten Teilung Polens 1795 die östlichen Gebiete Polens unter zaristischer Herrschaft; alle weiteren Gebiete teilten sich Preußen und Österreich. Am 5. November 1916, also mitten im I. Weltkrieg wurde – unter Mitwirkung Deutschlands und Österreichs – das Königreich Polen wiedererrichtet. Vor allem, um im Krieg gegen Russland das militärische Kräfteverhältnis zu Gunsten Deutschlands und Österreichs zu verändern, da die Westfront gegen Frankreich und England Verstärkung brauchte, nicht zuletzt wegen der Millionen Gefallenen der opferreichen Schlachten vor Verdun und an der Somme.

Uljanow hasste seit dieser Zeit nicht etwa nur Alexander III. sondern den Zarismus als Herrschaftsform.

Alexander Uljanow und sein jüngerer Bruder

Wladimir Uljanow (Jugendbild Lenins)

Aus diesem Hass wurde eine – sich auf Marx stützende – revolutionäre Überzeugung und der unbedingte Wille, die Zarenherrschaft durch eine Revolution zu stürzen, um den Weg für eine neue, sozialistische Gesellschaft frei zu machen. Unter dem Namen Wladimir Iljitsch Lenin wurde er der Führer der radikal revolutionären Partei der Bolschewiki, die am 17. Oktober 1917 – nach dem Sturz der Zarenherrschaft mit der Februarrevolution 1917 – die Macht erkämpfte und mit allen Mitteln verteidigte.

Mit diesem Sieg fiel ihnen Nikolaus II., der letzte Zar, mit seiner Familie in die Hände. Die Familie wurde später nach Jekaterinburg gebracht, wo sie – ständig bewacht von Angehörigen der neuen Geheimpolizei, Tscheka genannt, lebte.

Aufnahme der Zarenfamilie
oben v.l.nr. die Großfürstinnen Maria, Tatjana und Olga
Mitte: die Zarin Alexandra Fjodorowna, Zar Nikolaus II. und die Großfürstin Anastassja
unten: der Zarewitsch Alexej

Im mörderischen Bürgerkrieg – Rot gegen Weiß – 1918 bis 1920 war die Macht der Bolschewiki aufs Äußerste bedroht. Weißgardistische Generäle, unterstützt von Beratern, Waffen und zum Teil auch durch militärische Einheiten westeuropäischer Länder und Japans im Fernen Osten, griffen von buchstäblich allen Seiten an und rückten immer näher an die Machtzentren der Bolschewiki heran. Als die Rote Armee, von Trotzki aufgebaut und geführt, den Krieg zu Gunsten der Bolschewiki entschied, war das Land verwüstet, die Felder unbestellt und Hunderttausende waren gefallen oder Opfer des beiderseitigen Terrors geworden...

Als weißgardistische Streitkräfte sich Jekaterinburg bedrohlich näherten, entschied Lenin mit dem Rat der Volkskommissare, dass die Zarenfamilie liquidiert werden müsse. In einem Telegramm beauftragte Lenin den Leiter der örtlichen Tscheka (des neugeschaffenen Geheimdienstes der Bolschewiki) Jakow Jurowski, die Familie des Zaren zu beseitigen und alle Spuren zu verwischen.

In der Nacht vom 16. zum 17. Juli 1918 ließ Jurowski die Zarenfamilie wecken und in einen Raum im Keller zu „bitten"; dort wurde die Familienmitglieder – unter dem Vorwand, dass ein Foto aufgenommen werden müsse – so aufgestellt, dass sie sich nicht gegenseitig verdeckten. Dann betrat Jurowski mit weiteren Mitgliedern der Tscheka den Raum, verkündete das Urteil, und umgehend erschossen diese Männer alle Familienmitglieder; wer noch ein Lebenszeichen von sich gab, wurde mit dem Bajonett getötet. Es war eine kaltherzige, brutale Hinrichtung.

Ungehend wurden die Toten in einen Bergwerksschacht verbracht und hineingeworfen. Ihre Kleidung wurde verbrannt. Am nächsten Tag wurden die Toten wieder aus dem Schacht herausgeholt, zwei wurden verbrannt und alle in einem Waldgebiet in einer Grube verscharrt, nachdem man ihre Gesichter unkenntlich gemacht hatte.

Die ersten Nachforschungen nach der Grabstätte begannen 1979, aber erst 1991 konnte zweifelsfrei festgestellt werden, dass es sich bei den gefundenen Leichen um die Mitglieder der Zarenfamilie handelte...

Die Order Lenins, die Mitglieder der Zarenfamilien hinzurichten, bestätigt auf besonders nachhaltige Weise, dass Lenin, wenn es um die Sicherung der Machtergreifung der Bolschewiki ging, mit gnadenloser Härte vorzugehen bereit war. Dass sich unter den Hingerichteten vier junge Mädchen und Frauen zwischen 16 und 22 Jahren befanden und der Thronfolger noch ein Kind war, störte ihn in keiner Weise, weil er sich im Klaren darüber war, dass ein lebendes Familienmitglied zu einer besonderen Bedrohung im Kampf gegen die weißen Generäle geworden wäre. Einem legitimen Erbe der Zarenkrone hätten sich diese Generäle untergeordnet, was nichts anderes bedeutet hätte, als dass sie gemeinsam für die Wiederherstellung der Zarenherrschaft gekämpft hätten. So aber kämpfte jeder von ihnen letztlich für sich und jeder von ihnen wollte – das Machtvakuum nutzend – zum neuen Herrscher Russlands werden. Nur deshalb war es der Roten Armee möglich, einen nach dem anderen zu besiegen, bis sie allesamt geschlagen waren...

Ob bei der Entscheidung Lenins für die Hinrichtung der Romanows das Todesurteil und die Hinrichtung seines älteren Bruders Alexander Uljanow 1887 von persönlicher Bedeutung gewesen ist, ist nirgendwo belegt. Auch wenn es diese Hinrichtung nicht gegeben hätte – Lenins Entscheidung wäre die Gleiche gewesen. So aber hatte er vielleicht doch eine unmittelbare persönliche „Begründung" für seine mitleidslose, todbringende Entscheidung.

Der Tod eines Premierministers im Ruhestand
Das Attentat auf Pjotr Arkadjewitsch Stolypin am 14. September 1911

Im Jahre 1906 wurde Stolypin von Nikolaus II. zum Premierminister ernannt. Dem waren zwei einschneidende Ereignisse vorausgegangen: der Russisch-japanische Krieg (1904/ 05) und die Russische Revolution von 1905. Der Krieg um die Herrschaft über Korea und die Mandschurei endete mit einer verheerenden Niederlage der russischen Land- und Seestreitkräfte und machte den desolaten Zustand der Verwaltung und des Militärs offenkundig. Im Oktober 1905 begann dann die revolutionäre Erhebung, die sich gegen Unfreiheit, Polizei- und Beamtenwillkür und Armut richtet. So kam es etwa in Moskau zu Barrikadenkämpfen, und zum ersten Mal verbündeten sich Soldaten mit Revolutionären, als sich die Matrosen des Panzerkreuzers „Potemkin" gegen ihre Offiziere erhoben und die Revolutionäre in Odessa unterstützten.

Nach harten Kämpfen behielt das Militär noch einmal die Oberhand, die Revolution wurde niedergeschlagen und viele ihrer Führer, u. a. Lenin, Stalin und Trotzki, in die Verbannung geschickt. Insofern gehörte natürlich auch Stolypin zum Kreis der Verantwortlichen für das Scheitern der revolutionären Erhebungen von 1905.

Stolypin ging bei seinem Amtsantritt davon aus, dass die Bauern noch lange Zeit den weitaus größten Anteil der Bevölkerung Russlands bilden würden und dass es deshalb umso wichtiger sei, sie von den revolutionären Bewegungen fernzuhalten – immerhin eine realistische Erkenntnis.

Obwohl oder gerade weil er ein treuer Diener des Zarismus war, setzte er mit Beginn seiner Amtszeit auf die Durchsetzung von Reformen, in denen er eine Stabilisierung und in gewisser Weise eine Modernisierung der Zarenherrschaft sah. Seine Reformpläne umfassten auch eine Erweiterung der Befreiung der Bauern, für die sich nach der Abschaffung der Leibeigenschaft (1861) bezüglich ihrer sozialen und wirtschaftlichen Abhängigkeit nichts geändert hatte. Ein Dekret ermöglichte ihnen ab 1906 erstmals Privateigentum an Ackerland zu erwerben. Weitere Schritte der

Stolypinschen Agrarreform waren Schulungen und relativ günstige Kredite. Zum einen zielten diese Reformen wohl darauf ab, einerseits einen Unruheherd zu befrieden und andererseits einen bäuerlichen Mittelstand zu schaffen, der dem zaristischen Staat in gewisser Weise verpflichtet war. Es ging also um die Schaffung einer bäuerlichen Hierarchie von Landarbeitern, Klein- und Mittelbauern – und über allem die adligen Großgrundbesitzer.

Allerdings fand Stolypin in keiner politischen Gruppierung wirksamen Rückhalt. Im Gegenteil: er wurde zu jedermanns Feind – die Großagrarier standen gegen ihn, da er die Bauern aus ihrer Abhängigkeit von ihnen ein Stück weit befreite. Die Linken sahen in ihm einen Mann, dem es ausschließlich darum ging, die revolutionäre Bewegung zu schwächen und wenn notwendig auch gewaltsam zu unterdrücken. Stolypin galt bereits vor seinem Amtsantritt als Vertreter einer Position, von der aus – wenn erforderlich – mit allen Mitteln der Staatsmacht jeglicher Fortschritt, der sich gegen den Zarismus stellte und jede Bewegung, die als revolutionär ausgemacht wurde, unterdrückt werden würde – eine Folge der militärischen Aktionen gegen die revolutionären Aufstände von 1905, die das durch den Russisch-Japanischen Krieg angeschlagene Zarenreich ernsthaft bedroht hatten, bevor sie gewaltsam niedergeschlagen werden konnten.
Vor diesem Hintergrund wird klar, warum Stolypin bereits kurz nach seinem Amtsantritt als Premierminister zum Ziel eines Attentats linker Sozialrevolutionäre wurde.
Obwohl das Attentat am 12. August 1906 missglückte, denn Stolypin überlebte leicht verletzt, so belegen seine Folgen ein immer rücksichtsloseres Vorgehen der Attentäter, das bis heute in erschreckend brutalem und stetig sich steigerndem Maße das Kennzeichen des „modernen" Terrorismus und seiner Entwicklung seit den 60er Jahren des XX. Jahrhunderts ist. Die Bombe, die auf Stolypin geworfen wurde, tötete bei ihrer Detonation 27 Menschen, die sich zufällig in diesem Moment in der Nähe des Tatorts aufhielten. Die Attentäter nahmen das letztlich skrupellos in Kauf, wobei das zufällige Überleben der – wie es heute heißt – „Zielperson" bei der

Verurteilung eines derart rücksichtslosen Vorgehens keine Rolle spielt. Dieses nihilistische Prinzip, dass der Zweck die Mittel heilige, machte und macht aus Attentätern, die aus einer Überzeugung heraus glauben, dass die Ermordung einer Person, die sich in ihren Augen Verbrechen schuldig gemacht hat, gerechtfertigt sei, Terroristen, die bedenken- und wahllos Menschen hinrichten, unschuldige Männer, Frauen und Kinder, die letztlich den Terroristen sogar ethnisch durchaus nahe stehen können.

Nach dem Attentat auf Stolypin im Jahre 1906 – die Karosse des Premierministers, aus der er nach dem Bombenwurf lebend entkam.

Aber die terroristischen Gruppierungen der Sozialrevolutionäre vergaßen Stolypin nicht. Auch nicht, als er 1911 – nachdem er in der Duma zum wiederholten Mal bei einer seiner Gesetzesvorlagen eine Abstimmungsniederlage hatte hinnehmen müssen – von seinem Amt zurücktrat.
Als er am 14. November 1911 die Kiewer Oper besuchte, stellte ihn – fern von St. Petersburg – ein Attentäter. Dmitri Bogrow wartete auf ihn und verwundete Stolypin mit Pistolenschüssen derart schwer, das er vier Tage später seinen Verletzungen erlag...

Ein höchstwillkommenes Attentat
Die Ermordung Jean Jaurès am 31. Juli 1914

Der Hintergrund und damit die tieferen Ursachen für den Mord an Jaurès und die dreiste Genugtuung* der politischen Machthaber in Frankreich ergaben sich aus der ursprünglichen Antikriegsposition der II. Internationale und der bedingungslosen Kriegsorientierung der französischen Regierung – wie in allen europäischen Großmächten im Sommer 1914 – und des Militärs...

Europa stand 1914 unmittelbar vor dem Ausbruch des I. Weltkrieges – schon längst hatten die Großmächte ihre Kriegsziele festgelegt: England, Frankreich und Russland in der Entente auf der einen und das kaiserliche Deutschland, verbündet mit der Habsburger Monarchie, auf der anderen Seite. Das Attentat von Sarajevo, als serbische Nationalisten den Österreichischen Thronfolger und seine Gemahlin erschossen, lieferte dann den entscheidenden Anlass für die wechselseitigen Kriegserklärungen...

Eine, die letzte Hoffnung auf Frieden, schien die II. Internationale zu sein. Diese zweite Internationale, der vor allem sozialdemokratischen Arbeiterparteien angehörten, wurde noch unter Mitwirkung von Friedrich Engels 1889 in Paris gegründet. Als ihre Aufgaben wurde u. a. formuliert: die weitere Bildung von Arbeiterparteien zu fördern, für die Eroberung der politischen Macht des Proletariats zu kämpfen u. a.; der 1. Mai wurde als Kampftag der internationalen Arbeiterklasse proklamiert.

In den folgenden Jahren verschärften sich in der II. Internationale die Meinungsgegensätze vorrangig in der Frage, wie das Proletariat die politische Macht erobern sollte. Die Mehrzahl der sozialdemokratischen Parteien sah den Weg in einer Machtübernahme auf parlamentarischem Weg, währenddessen die bolschewistische Partei Russlands unter Führung Lenins sich zum Weg über die proletarische Revolution als den einzig möglichen bekannte...

---

*Der Mörder Jaurès, Raoul Villain, wurde 1919 von einem Geschworenengericht freigesprochen.

Angesichts der Kriegsgefahr, die sich schon im Russisch-Japanischen Krieg 1904 bis 05 andeutete und sich besonders in den Balkankriegen (1912 -13 und nochmals 1913) manifestierten, hatte die II. Internationale auf ihren Kongressen in Stuttgart (1907) und Basel (1912) beschlossen, dass ihre Mitgliedsparteien gegen die Bewilligung der Kriegskredite in den Parlamenten stimmen und mit all ihren Mitteln entschieden gegen einen Krieg auftreten sollten...

In der entscheidenden Stunde verweigerte sich nicht zuletzt die deutsche SPD, die stärkste sozialdemokratische Partei Europas, diesen Beschlüssen und stimmte im Reichstag für die Bewilligung der Kriegkredite. Man wollte in diesem Machtkampf um die Vorherrschaft in Europa patriotisch sein, getreu dem Satz Wilhelms II. „Ich kenne keine Parteien mehr, sondern nur noch Deutsche!" So sprach der deutsche Kaiser, und angesichts einer geradezu unvorstellbaren Kriegsbegeisterung auf den Straßen reihten sich die Sozialdemokraten ein in die Reihen der ungezählten „Patrioten", die (nicht ahnend, was kommen würde) mit lauten Siegesparolen die Soldaten an die Front verabschiedeten. Erst 1916 war es allein Karl Liebknecht, der, nachdem er sich 1914 der Fraktionsdisziplin gebeugt hatte, als einziger gegen eine weitere Bewilligung stimmte. Von da an galt er als „Vaterlandsverräter".

Das Militär und die politische Rechte sahen vor allem in der herausragenden Persönlichkeit der Linken, Jean Jaurès, eine ernst zu nehmende Gefahr für ihre Kriegsvorbereitungen. Jaurès – Mitbegründer der Französischen Sozialistischen Partei 1902 und überzeugter Pazifist – war der herausragende Vertreter eines Reformsozialismus, der – wie man heute sagen würde – gewaltlos erreicht werden sollte.

Jaurès spricht auf einer Kundgebung in Toulouse, etwa um 1910

Als Pazifist stellte er sich mit seiner ganzen Autorität und Popularität gegen den drohenden Weltkrieg, was ihn in den Augen derjenigen Kräfte in Politik, Wirtschaft und Militär, die diesen Krieg mit aller Macht wollten, zu einem „Risiko" vor allem im Bezug auf die nationalistische Kriegsbegeisterung der Franzosen machte.

Wenige Tage vor dem Beginn des Weltkrieges, nachdem die Rechte gegen den „Vaterlandsverräter" mit allen Mitteln mobil gemacht hatte, wird Jean Jaurès, als er am 31. Juli 1914 in einem Pariser Café sitzt, von Raoul Villain, einem fanatisierten Nationalisten erschossen…

In seinem großen Familienroman „Die Thibaults" beschreibt Roger Martin du Gard auch den Weg des jüngeren der beiden Brüder, Jacques, der nach Jaurès Ermordung und dem Versagen der Sozialdemokratie gemeinsam mit seinem Freund Meynestrel und anderen Gesinnungsgenossen versucht, seiner pazifistischen Überzeugung gerecht zu

65

werden – etwa mit Flugblättern, mit denen die Soldaten aufgeklärt werden sollten…
Der Pilot Meynestrel baut ein Netzwerk Gleichgesinnter auf, um über Frankreich
hinaus den Widerstand gegen den Krieg im Sinne der Internationale zu organisieren.
Jacques stürzt, als er Flugblätter über den französischen Linien abwerfen will, mit dem
Flugzeug ab und erliegt seinen schweren Verletzungen…

Überlebt und doch zu Grunde gegangen
Das Attentat auf Wladimir Iljitsch Lenin am 30. August 1918

Die Frau, die an diesem Tag auf Lenin schoss, nannte sich Fanja (Fanni) Kaplan* alias Dora Kaplan. In vielen Geschichtsbüchern findet man sie auch als Fanya Kaplan. Sie traf Lenin, der nach einer Rede im Michelson-Werk das Fabrikgelände verließ, mit zwei Pistolenschüssen am Schulterblatt und am Hals. Lenin überlebte den Anschlag. Fanja Kaplan wurde nach einem kurzen Verhör ohne gerichtliches Urteil erschossen.**

Die Attentäterin gehörte der Partei der russischen Sozialrevolutionäre an, in der Zeit der Oktoberrevolution mit 500.000 Mitgliedern die stärkste revolutionäre Partei mit einem hohen Grad an Organisiertheit. Demgegenüber wurde die Mitgliederzahl der Bolschewiki (SDAPR) mit gerade 50.000 beziffert. Die Sozialrevolutionäre orientierten sich einerseits auf die Entwicklung einer Massenbewegung, die sich auf die Bauern stützen sollte, andererseits sahen sie gleichermaßen im Terror, d. h. in Attentaten einen Weg, den Zarismus zu bekämpfen. Opfer solcher Attentate waren neben anderen der russische Innenminister von Plehwe und der Großfürst Sergei Romanow. 1908 wurde die dafür gebildete Gruppe aufgelöst, als einer ihrer Führer, Asef, als Polizeispitzel enttarnt wurde.

Als Feiga Roitman nahm sie 1905 an einem Attentat der Anarchisten auf einen Beamten in Kiew teil und wurde zum Tode verurteilt; das Urteil wurde etwas später in lebenslänglich umgewandelt. In den Jahren als Zwangsarbeiterin lernte sie die wohl bekannteste Sozialrevolutionärin, Maria Spiridonowa, kennen und schloss sich deshalb den Sozialrevolutionären an.

---

* Fanja (Fanny) Jefimowna Kaplan alias Dora Kaplan waren wohl Decknamen – ihr eigentlicher Name war Feiga Chaimowna Roitman

** Dass sie zu Attentaten bereit war, belegt ihre Biografie, nach der sie am Anfang ihrer politischen Entwicklung aktive Anarchistin und zumindest an einem Attentat beteiligt war.

Fanja Kaplan – zum Zeitpunkt des Attentates war sie infolge von Verbannung und Zwangsarbeit eine kranke Frau. Wohl deshalb gab es Gerüchte, dass nicht sie die Attentäterin gewesen sei, sondern den eigentlichen Schützen mit ihrem Geständnis gedeckt habe. Die Schusswunden (Hals und Schulterblatt) legen dagegen nahe, dass die Attentäterin kein geübter Schütze gewesen sein kann. Was aber ebenso auch auf ihre Sehschwäche als Folge ihrer schweren Krankheiten zurückgeführt werden könnte.

Mit der Februarevolution von 1917 waren die Sozialrevolutionäre eine bedeutende Kraft im Kampf um die Macht im künftigen Russland. Ihr rechter Flügel beteiligte sich am Ministerkabinett Kerenskis, verließ es aber bereits im April 1917. Die Parteispaltung in rechte und linke Sozialrevolutionäre vollzog sich endgültig in den Monaten April bis Juli 1917. Während die linken Sozialrevolutionäre bereit waren mit Lenins Bolschewiki zusammenzuarbeiten, lehnte die rechte Gruppierung dies prinzipiell ab. Da sie in den Wahlen zur „Gesetzgebenden Versammlung" 1917 über

50% der Stimmen erhielten, konzentrierten sich Lenin und seine Genossen zuerst darauf, die Rechten, die sich den Bolschewiki nicht unterwarfen, politisch auszuschalten. Auf Lenins Initiative wurde die „Gesetzgebende Versammlung" de facto handlungsunfähig gemacht, da die Bolschewiki deren Arbeit so lange behinderten, bis sie unter massivem Druck aufgelöst wurde. Ein „Störfaktor" auf dem Weg zur Macht wurde ausgeschaltet. Die militärische Macht der Bolschewiki gab dafür den Ausschlag. Als ihre Proteste nicht halfen, griffen die Rechten zum individuellen Terror. Am 20. Juni wurde Wolodarski, ein Mitglied der Petrograder Parteiführung der Bolschewiki, erschossen; am 30. August folgte das tödliche Attentat auf den Chef der Tscheka in Petrograd, Urizki, und zur gleichen Zeit organisierte Boris Sawinkow, einer der radikalen Führer der rechten Sozialrevolutionäre, einen Aufstand in den Gebieten um Jaroslawl.

Lenin 1918 – Als Vorsitzender der Partei der Bolschwiki und des Rates der Volkskommissare stand er an der Spitze der entscheidenden Machtzentren nach der Oktoberrevolution.

Der entscheidende Machtkampf zwischen Bolschewiki und linken Sozial-revolutionären fand aber in Moskau statt. Nach dem Frieden von Brest-Litowsk mit Deutschland verstärkte sich der Widerstand der Sozialrevolu-tionäre, der von Maria Spiridonowa, ihrer charismatischen Führerin, initiiert wurde. In Warschau erschoss der Sozialrevolutionär Bljumkin den deutschen Botschafter von Mierbach – ein Attentat, das den Frieden von Brest-Litowsk gefährden sollte (zumindest aber Unsicherheit schuf).

Immer wieder überrascht vom taktischen Vorgehen Lenins und seiner engsten Mitstreiter – insbesondere von Trotzki – und bei allem Widerstand erfolglos gegen den Führungsanspruch der Bolschewiki kämpfend, suchten die Sozialrevolutionäre die Konfrontation: Nachdem sie Dzierżyński, den ersten Vorsitzenden des „Tscheka" genannten Geheimdienstes der Bol-schewiki, verhaftet hatten, planten sie, am 6. Juli Lenin und andere führen-de Bolschewiki im Kreml festzusetzen, um ihren Anspruch auf die Macht durchzusetzen. Der Versuch scheiterte, nicht zuletzt, weil der bewaffnete Arm der Bolschewiki stärker war und seine Führer entschlossener und radikaler.

(Während des Bürgerkrieges 1918 bis 20 ging die Zeit über die Sozialrevo-lutionäre letztlich hinweg, zumal sie sowohl in der Roten Armee als auch in den Reihen der Weißgardisten kämpften.)

Die Schüsse Fanja Kaplans am 30. August 1918 waren ein letzter Versuch, mit dem Tod Lenins die Dominanz der bolschewistischen Herrschaft zu brechen...

Eines der Werke des sozialistischen Realismus aus der Werkstatt eines sowjetischen Malers.
Der verwundete Lenin, umgeben von einigen betroffenen Vertretern des Proletariats.

Das Attentat hatte trotzdem weit reichende und lang andauernde Auswirkungen. Unmittelbar nach dem Attentat unterzeichnete Jakow Swerdlow, einer der radikalsten unter den führenden Bolschewiken, das „Dekret über den Roten Terror", mit dem Willkür, Gnaden- und Gesetzlosigkeit, Mord und Folter legitimiert werden und der Tscheka außerhalb jeder Gesetzlichkeit alle Handlungsfreiheit gegeben wurde. Zehntausende fallen in der Folgezeit dem „Roten Terror" zum Opfer.

In den Folgejahren nach dem Attentat auf Lenin gab es nur einen führenden Funktionär, dem es bei seinem Aufstieg zur absoluten Macht zumindest indirekt von Nutzen war – Stalin.

Die schwere Krankheit Lenins und sein Tod 1924 beseitigten alle Hindernisse auf seinem Weg zur Alleinherrschaft, die er sonst nicht hätte überwinden können. Nur noch einmal stand ihm der bereits dem Tode nahe Lenin als einziger ernsthaft im Wege – als er nämlich in seinem Testament vor Stalin warnte. Seine Rivalen um die Macht, Trotzki, Sinowjew oder Kamenjew waren aber ebenso wenig wie Stalin bereit, Lenin auch weiterhin zu folgen, und missachteten den letzten Rat des einst übermächtigen Lenins.

Lenin in seinen letzten Lebensmonaten – durch Schlaganfälle gelähmt und geschwächt, auch seine Stimme versagte. Gehör fand er ohnehin nicht mehr...

1939 starb auch der letzte von ihnen – Trotzki in seinem mexikanischen Exil – durch einen Anschlag auf Stalins Befehl, so wie Anfang der dreißiger Jahre nicht nur Sinowjew und Kamenjew sondern fast alle führenden Funktionäre, mit denen Lenin eng zusammen gearbeitet hatte, auf Stalins Weisung erschossen worden waren.

Mord auf offener Straße
Das Attentat auf Walter Rathenau am 24. Juni 1922

Zum tieferen Verständnis der Ermordung Rathenaus ist ein Rückblick auf die Zeit zwischen 1918 bis zum Tag seines Todes von eminenter Bedeutung.

Mit der Niederlage Deutschlands im I. Weltkrieg und den revolutionären Erhebungen des November 1918 bildeten sich – trotz aller fließenden Grenzen – drei dominierende Gruppierungen heraus: Das konterrevolutionäre Lager (als „Verteidiger" der Machtverhältnisse zu Gunsten von Kapital und Großagrariern), bestehend aus aktiven bzw. ehemaligen Militärs, Monarchisten und so genannten patriotischen (Klein)Bürgern. Dagegen standen die revolutionären Gruppierungen, die dafür kämpften, die Machtverhältnisse grundlegend zu verändern. Ihnen gehörten vor allem Proletarier, auch viele Soldaten, die aus dem Krieg zurückkamen, anarchistische Strömungen und auch Künstler, Akademiker sowie Teile eines radikalisierten Kleinbürgertums an. Die führenden Kräfte waren Rosa Luxemburg und Karl Liebknecht, beide ehemalige SPD-Mitglieder und der von ihnen gegründete Spartakusbund.

Von beiden Lagern wurde der Kampf mit äußerster Härte und erbittertem Vernichtungswillen geführt.

Zwischen diesen Lagern standen konservative Gruppierungen, denen es – um jeden Preis – darum ging, die Revolution zu verhindern, um den nun bürgerlich definierten Staat zu erhalten. Anfänglich repräsentierte die SPD-Führung unter Ebert, Scheidemann und Noske diese Gruppe, die zwar mit der Novemberrevolution die Macht von Staats wegen übernommen hatten – allerdings erklärtermaßen mit dem Ziel „Ruhe und Ordnung" wieder herzustellen. Da es ihnen an bewaffneten Kräften fehlte, verbündeten sie sich mit militärischen Formationen des konterrevolutionären Lagers, um die revolutionären Aufstände niederzuschlagen.

Ebert und seine politischen Mitstreiter sahen in ihren ehemaligen Genossen Luxemburg und Liebknecht eine besonders große Gefahr für ihre Pläne. Die Konterrevolution forderte unverhohlen dazu auf, beide zu ermorden – Plakate mit „Belohnungen" für den Mord gehörten zum Berliner Straßenbild.

Es war – allen staatserhaltenden Bemühungen der SPD zum Trotz – der Beginn einer Zeit der Gesetzlosigkeit und mörderischer Willkür...

Tatort Eden-Hotel

Am 15. Januar 1919 wurden Rosa Luxemburg und Karl Liebknecht von Soldaten unter der Führung des Hauptmanns Pabst festgenommen und in das Eden-Hotel, dem Quartier des Bataillons gebracht. Pabst selbst hielt später fest, dass er mit Noske übereingestimmt habe, „dass diese ‚Exekution' durchgeführt werden musste", um den Bürgerkrieg zu beenden.

Karl Liebknecht wurde in ein Auto verbracht, misshandelt und schließlich „auf der Flucht" erschossen. Seine Leiche brachten die Mörder in eine Rettungsstation. Rosa Luxemburg wurde auf ihrem Weg ins Hotel von einem Soldaten namens Runge mit dem Gewehrkolben niedergeschlagen, die Bewusstlose wurde ebenfalls in einen Wagen gebracht und während der Fahrt erschossen. Ihren Leichnam warfen die Täter in den Landwehrkanal...

Alle die verantwortlich diese Morde befahlen und schließlich selbst die Täter waren, hatten Namen und Dienstgrade: es waren die Offiziere Pflugk-Hartung, vom Ritgen, Stiege und Liepmann, Oberleutnant Vogel – allesamt Angehörige regulärer Regierungstruppen, die unter dem Befehl des SPD-Mannes Noske standen.

Letztlich wurde keiner der Mörder bestraft, was, ob es die staatstragenden SPD-Führer nun wollten oder nicht, nichts anderes bedeutete, dass Mord aus politischen Gründen legalisiert wurde, wenn er denn von „rechten" Kräften verübt wurde.

Ein Schreckenswort dieser Jahre – FEME

Geht man zurück ins frühe Mittelalter, so findet sich in dieser Zeit der Begriff der „Feme", der dann von 1918 bis zur Machtergreifung des Nationalsozialismus in Deutschland „wiederentdeckt" wurde.

Sprach man vor 600 Jahren vom „Femegericht" als einer freien, nicht von der Justiz durchgeführten Gerichtsbarkeit, ging es nun um den „Fememord", ein Begriff, der vor allem von den Freikorps, ehemaligen Weltkriegssoldaten und Freiwilligen, die sich in eigentlich illegalen Formationen organisierten, beansprucht wurde. In solchen Freikorps wurde entschieden, ob eine oder mehrere Personen im Umfeld „Rote" oder „Vaterlandsverräter" waren, und dann wurde ihre Ermordung beschlossen und die so Verdächtigen exekutiert, oft nach brutalen Folterungen. Der „Feme" fielen zahllose Menschen zum Opfer. Bestraft wurden die Mörder kaum und wenn, dann zumeist ungewöhnlich mild. In Nachfolge der Freikorps ging die SA (Sturmabteilung) der Nazipartei in gleicher Weise gegen politische Gegner vor…

Der Tod Walter Rathenaus

Die Revolution war niedergeschlagen und die Weimarer Republik im Entstehen, und in Deutschland begann unter den Bedingungen des Versailler Friedensvertrages der wirtschaftliche Niedergang, der mit Inflation und Weltwirtschaftskrise noch nachhaltiger wurde.

In den Fokus der militanten Gegner der Republik gerieten nun jene bürgerlichen Politiker, die in ihren Augen die Schuldigen am „Schandfrieden" waren und versuchten, eine realistische Politik zu betreiben. Sie waren alles andere als etwa „kommunistisch infiziert", aber der Hass aller rechten Gruppierungen richtete sich gegen sie, die „neuen Vaterlandsverräter".

Fememorde – dafür stand insbesondere die „Organisation Consul" unter der Führung von Erhardt, bekannt auch als Freikorpsführer der „Brigade Erhardt", die unter anderem während des „Kapp-Putsches"* als radikaler Gegner der neuen deutschen Republik von sich reden machte. Erhardt selbst blieb in auffälliger Weise unbehelligt.

Zum „Feindbild" der „Organisation Consul" (O. C.)gehörten außer allen Linken auch und nicht zuletzt alle Politiker, die den Friedensvertrag von Versailles unterschrieben hatten, und versuchten dessen Bedingungen, die schwer auf Deutschland lasteten, nach Möglichkeit zu erfüllen. So wurde

---

* Der Kapp-Putsch war der Versuch rechter Kräfte, die Weimarer Republik zu beseitigen. Unter Führung des Landschaftsdirektors Wolfgang Kapp sowie Walther von Lüttwitz, unterstützt vom Weltkriegsgeneral Erich Ludendorff, putschten Angehörige der Reichswehr, ehemalige Offiziere bzw. Soldaten der Armee gegen die Reichsregierung. Mit dabei die Marine-Brigade Erhardt. Die Reichsregierung sah sich zur Flucht gezwungen. Ein Generalstreik setze dem Putsch nach wenigen Tagen ein Ende…

dieser Kreis bürgerlicher Politiker der Mitte in den Kreis der „Vaterlandsverräter", die es zu vernichten galt, einbezogen. Die „Organisation Consul" war zwar ein Geheimbund mit strengen konspirativen Regeln, allerdings war Erhardt eine weithin bekannte Figur der radikalen rechten Gesinnung; ungeachtet dessen konnte seine Organisation in ihrem rechtsfreien Raum relativ unbehelligt agieren. Sie hatte einen durchaus beachtlichen Kreis von einflussreichen Sympathisanten, nicht zuletzt in Justiz und Polizei.

In den Fokus der O. C., so ihre Kurzbezeichnung, geriet Walter Rathenau. Bereits während des I. Weltkrieges hatte er unter General Falkenhayn, seines Zeichens Kriegsminister, eine neu geschaffene so genannte „Kriegsrohstoffabteilung" initiiert und geleitet, die für die Sicherung der Produktion von Waffen und Munition zuständig war. Rathenau erkannte erst später – darüber schrieb er in seinem 1917 erschienenen Buch „Von den kommenden Dingen" –, dass dieser Krieg schwerwiegende Folgen für die deutsche Wirtschaft haben würde und setzte auf wirtschaftliche Rationalisierung und Reformen...

Nach Kriegsende stand der durchaus auch unbequeme Rathenau erst einmal „im Abseits". Als brillanter Verhandlungsführer bewährt, wurde er vom Reichskanzler Joseph Wirth als Wideraufbauminister in sein erstes Kabinett (1921) geholt und ein Jahr später wurde Rathenau von Wirth zum Außenminister berufen. Bei der Weltwirtschaftskonferenz in Genua 1922 scheiterte er mit seinem Versuch, in der Frage der ungeheuer belastenden Reparationszahlungen Erleichterungen für Deutschland zu erreichen, schloss aber – im Interesse der deutschen Handlungsfreiheit in der internationalen Politik ein Abkommen mit der UdSSR, die international ähnlich isoliert war, das im April 1922 in Rapallo unterzeichnet wurde. Das bürgerliche politische Deutschland sah den Rapallo-Vertrag durchaus positiv. Nicht so die O. C.: Rathenau, der Jude war, hatte mit den Bolschewiken „paktiert" – ein „Verbrechen" an Deutschland! Deshalb wurde sein Tod beschlossen. Zwei junge Männer wurden ausgewählt und nach Berlin ausgesandt: Der Jurastudent und einstige Offizier der Marine, Erwin Kern, und der Maschinenbauingenieur Hermann Fischer aus Chemnitz.

Die beiden Attentäter dürften sich die notwendigen Informationen über Rathenaus Wege verschafft haben, der von sich aus einen Schutz durch eine bewaffnete Begleitung ablehnte, und entschieden sich dafür, in der Königsallee im Stadtteil Grunewald zuzuschlagen.

Am 24. Juni 1922 etwa gegen 11 Uhr verfolgten sie den Wagen Rathenaus, der im offenen Fond des Autos saß und näherten sich diesem an der Kreuzung der Erdener- mit der Wallotstraße. Mit Schüssen aus einer Maschinenpistole und mit einer Handgranate ermordeten sie Walter Rathenau und rasten mit ihrem Auto davon…

Ein Augenzeuge beschrieb danach den Ablauf: „In dem vorderen langsamer fahrenden Auto, der etwa die Mitte der Straße hielt, saß auf dem Rücksitz ein Herr, man konnte ihn genau erkennen, da der Wagen ganz offen, auch ohne Sommerdeck war. In dem hinteren, ebenfalls ganz offenen Wagen, einem großen sechssitzigen, dunkelfeldgrau gestrichenen starkmotorigen Tourenwagen saßen zwei Herren in langen nagelneuen Ledermänteln mit ebensolchen Lederkappen … Das größere Auto überholte den kleineren Wagen, … auf der rechten Straßenseite und drängte ihn stark nach links, fast an unsere Straßenseite heran. Als der große Wagen etwa um eine halbe Länge voraus war …, bückte sich der eine Herr in dem feinen Ledermantel nach vorn, ergriff eine lange Pistole, … und legte auf den Herren im anderen Wagen an."[7]

---

[7] zitierte nach: Martin Sabrow: Mord und Mythos Das Komplott gegen Walter Rathenau 1922; in: Das Attentat in der Geschichte, a. o. O., Seite 321

Die Ermordung Rathenaus
Die Mordstelle (x) an der Ecke der Königsallee
und Erdenerstr. in Berlin · Grunewald

Die Attentäter flohen aus Berlin und wurden nach langer Verfolgung von der Polizei in der Burg Saaleck in Thüringen gestellt, gaben aber noch immer nicht auf. Als dann Kern tödlich getroffen wurde, nahm sich Fischer das Leben...

Der Fahrer des Autos der beiden Attentäter, Ernst Werner Techow, wurde zu 15 Jahren Zuchthaus verurteilt. Ein bemerkenswert hartes Urteil zu dieser Zeit – zurückzuführen wahrscheinlich auf eine warnende Rede des Reichskanzlers Josef Wirth, in der er erklärte: „Da steht der Feind, der sein Gift in die Wunden eines Volkes träufelt. – Da steht der Feind – und daran ist kein Zweifel: dieser Feind steht rechts."[8]

Ein Bekenntnis und eine Erkenntnis, die all zu schnell in Vergessenheit gerieten.

Weitere Opfer von Attentaten der O. C. waren neben anderen Karl Gareis, ein bayerischer USPD-Abgeordneter, der im Juni 1921 umgebracht wurde, der dem Zentrum zugehörige ehemalige Finanzminister Matthias Erzberger, Mitunterzeichner des Waffenstillstandsabkommens im Westen im Wald von Compiègne, in jenem Eisenbahnwaggon, den 1940 dann Adolf Hitler als Ort der Unterzeichnung der französischen Kapitulation auswähl-

---

[8] ebenda: Seite 324

te. Ein Anschlag auf Philipp Scheidemann, SPD-Führer, misslang, wie auch der Versuch, den Berliner Publizisten Maximilian Harder zu erschlagen. Wie viele namenlose Opfer der von der O. C. gesteuerte Terror forderte, ist nicht in vollem Umfang bekannt geworden…

Das blutige Ende einer obskuren Feindschaft
Der Tod Trotzkis am 20. August 1940 in Coyocán in México

Die Ermordung Trotzkis ist – unter Berücksichtigung aller damit verknüpften Umstände – eigentlich kein Attentat im Sinne dieses Begriffs. Es
war eine organisierte Liquidierung auf Befehl, bei dem der Mörder als
Einzeltäter nach dem Muster von Attentaten vorging. Alle anderen –
vergeblichen – Versuche, Trotzki zu ermorden, trugen dagegen den Cha-
rakter von Attentaten. Deshalb finden die Vorgeschichte wie die Bluttat
selbst ihren Platz an dieser Stelle.

Lew Dawidowitsch Bronstein, der sich als Revolutionär Leo Trotzki
nannte, wurde am 7. November 1879 in Janowka geboren.

Als Revolutionär ging er lange Zeit eigene Wege, bevor er sich 1917 den
Bolschewiki anschloss, wo er gemeinsam mit (und unter) Lenin eine der
herausragenden Persönlichkeiten in der Zeit von Revolution und Bürgerkrieg war. Nach der Revolution wurde er Volkskommissar des Auswärti-
gen, für Kriegswesen u. a. Er war der Gründer der Roten Armee, die er mit
aller Konsequenz und Härte in den Jahren des Bürgerkriegs zum Sieg
führte. Er besaß Lenins besonderes Vertrauen, war im Grunde genommen
der Typus eines Einzelkämpfers und alles andere als rücksichtsvoll im
Kreis der führenden Personen der Parteispitze der Bolschewiki. Mit dem
Ausscheiden Lenins aus der politischen Arbeit bis zu seinem Tode 1924,
verlor Trotzki den einzigen wirklichen politischen Weggefährten, dem er –
trotz mancher Meinungsverschiedenheit – seit 1917 gefolgt war, den er –
wohl als einzigen – als wirklich große Persönlichkeit geachtet hatte.

Trotzki spricht zu Soldaten der von ihm geschaffenen Roten Armee in den Jahren des Bürger-
krieges (1920 – 24)

In dem folgenden Kampf um die Macht in der Nachfolge Lenins scheiterte Trotzki ausgerechnet an dem Mann, den er schon damals mit Geringschätzung betrachtet haben dürfte – an Stalin, der sich in diesem Kampf als Machttaktiker allen Konkurrenten überlegen zeigte, in dem er sie gegeneinander ausspielte. Sein Hass auf Trotzki war geradezu manisch. Stalin verdrängte Trotzki als ersten aus den Führungsgremien, ließ ihn aus der Partei ausschließen und verbannte ihn in das kasachische Alma-Ata, bevor er dann die Sowjetunion verlassen musste. Trotzkis Exiljahre führten ihn über die Türkei nach Frankreich, bis er nach México kam.

Aber auch ein verbannter Trotzki reichte Stalin nicht aus – in den drei Prozessen, mit denen die kommunistische Elite, deren Vertreter allesamt Lenins Kampfgefährten gewesen waren, liquidiert wurde, war der einzig verbindende Punkt der „Anklageschriften" die Beschuldigung, Anhänger des Trotzkismus zu sein…

Im fernen México verfolgte Trotzki diese Prozesse und – schließlich kannte er Stalin zur Genüge – benannte die wahren Gründe für die Hinrichtungen und die Methoden, mit denen Geständnisse durch Folter erzwungen wurden, als das, was sie in Wirklichkeit waren – pure Erfindungen Stalins und seiner Henkersknechte im Geheimdienst.

Als Stalin – nach den Prozessen und Massenvernichtungen – Trotzki als Menetekel nicht mehr brauchte, musste der verhasste Gegner endlich liquidiert werden. Der Auslandsgeheimdienst des NKWD entwickelte verschiedene Pläne für die Ermordung des Gehassten, die auch dem Umstand Rechnung tragen mussten, dass Trotzki in México lebte und dass nach den Versuchen, ihn umzubringen sein Haus in Coyocán festungsartig ausgebaut worden war.

In der NKWD-Zentrale in der Lubjanka* wurde das Kommando für Trotzkis Liquidierung zusammengestellt. Die Leitung erhielt Leonid Eitington, der während des Spanischen Bürgerkrieges für das NKWD gearbeitet hatte. Für das Attentat wurde ein Spanier ausgewählt, Ramón Mercader, dessen Mutter bereits Mitarbeiterin des NKWD geworden war. Aber auch der bestorganisierte Geheimdienst bietet keine Garantien für den Erfolg einer „Mission", vor allem, wenn die „Zielperson" sich kaum in der Öffentlichkeit zeigt und ihr Haus für Unbekannte unzugänglich ist.

Das geplante Vorgehen – Mercader sollte sich unter falschem Namen als Trotzkist ausgeben und sich Sylvia Angeloff nähern, die als Trotzkistin Zugang zum Haus Trotzkis hatte – wirkt eher wie das Script zu einem mittelmäßigen Agentenfilm – aber es funktionierte. Sylvia Angeloff verliebte sich in Frank Jacson – einer der Tarnnamen Mercaders –, der sich somit Zugang zum Hause verschaffen konnte. Am 20. August 1940 bat er Trotz-

---

* Die „Lubjanka" war der Name des Hauptsitzes des NKWD; ein Gebäude, das über zwei Jahrzehnte der am meisten gefürchtetste Ort der Sowjetunion war. Dieser Name war Symbol für Willkür, Gesetzlosigkeit, Folter, Zwangsarbeit und Tod.

ki, nachdem er in dessen Arbeitszimmer vorgelassen worden war, einen von ihm verfassten Artikel zu lesen.

Dann zog er einen Eispickel aus seiner Kleidung – eine Waffe hätte er nicht ins Haus bringen können – und schlug damit auf Trotzkis Kopf ein. Als die Wachen hinzukamen, war es bereits zu spät. Sie konnten Mercader nur noch festnehmen und den schwer verletzten Trotzki in ein Krankenhaus bringen, wo er dann einen Tag später starb.

Mercader wurde im folgenden Prozess zu 20 Jahren Haft verurteilt. Seine wahre Identität verschwieg er (sie wurde erst 1950 bekannt) wie auch den wahren Auftraggeber. 1960 aus der Haft entlassen, ging er über einige Zwischenstationen in die Sowjetunion, wo er dann noch den in Abwesenheit verliehenen Leninorden erhielt, als späten „Lohn" wohl vor allem für sein Schweigen.

Hitler töten oder: das Scheitern aller Anschläge
Das „Tausendjährige Reich" zwischen Morden und Attentaten

Die Reichskristallnacht

Bevor mit einem ersten Attentat versucht wurde, Adolf Hitler zu beseitigen, kam es in Paris zu einem tödlichen Anschlag, als der siebzehnjährige Jude Herschel Grynszpan am 7. November 1938 – nachdem er erfahren hatte, dass seine ganze Familie nach Zbąszyń vertrieben worden war – in die dortige deutsche Botschaft ging und einen Mitarbeiter der Botschaft, den Legationssekretär Ernst Eduard von Rath erschoss.

Merkwürdiger Weise wurde der eigentlich geplante Prozess gegen Grynszpan von Hitler selbst abgesagt.

Goebbels dagegen nutzte dieses Attentat zu einem erneuten Propagandafeldzug gegen die deutschen Juden. Nach dem Judenboykott 1935 und der von ihm durchgesetzten „Arisierung" in Kunst, Kultur und Wissenschaft, die zum Exodus aller jüdischen wie auch des Kommunismus verdächtigten Wissenschaftler und Künstler führte – von Albert Einstein bis Thomas und Heinrich Mann, von Bertolt Brecht bis Johannes R. Becher – und nicht zuletzt von der „Bücherverbrennung" und der Ausstellung „Entartete Kunst" begleitet wurde, kam Goebbels das Attentat mehr als recht, um sich als Verfechter eines radikalen und skrupellosen Antisemitismus hervorzutun.

Das ausgemachte Ziel waren nicht nur die Juden selbst – diesmal wurden ihre Synagogen von der SA und aufgeputschen Menschen durch Brände zerstört, Juden wurden erschlagen oder misshandelt, und nach der so genannten „Reichskristallnacht" am 9. November wurden sie noch zu einer millionenschweren Geldstrafe für die angerichteten Schäden verurteilt.

Die Frage, warum sich Goebbels, einer der wenigen Gebildeten unter den Nazigrößen, in dieser Zeit – noch hatte die berüchtigte „Wannseekonferenz" zur „Endlösung der Judenfrage nicht stattgefunden – in der Öffentlichkeit als radikaler Antisemit präsentierte, kann nicht wirklich beantwortet werden, auch wenn hier nicht ausgeschließen ist, dass es ein kalkulierter Antisemitismus war, mit dem Goebbels seinen Platz im Zentrum der Macht behaupten wollte und dass er sich auf diese Weise selbst bestätigte, dass seine von ihm zu verantwortende Vertreibung jüdischer Künstler und Wissenschaftler absolut notwendig gewesen war. Über die Weltgeltung dieser Elite kann sich schon gar nicht ein Goebbels im Unklaren gewesen sein – nur ein exzessiver Fanatismus schuf dafür eine Begründung.

München, Bürgerbräukeller am 8. November 1939
Georg Elsers Anschlag auf Hitler

Der Weg Georg Elsers zum Attentat auf Hitler ist in gewisser Weise ungewöhnlich. Es war ein kurzes Leben. Elser wird am 4. Januar 1903 in Hermaringen geboren, nach der Schulzeit in Königsbronn erlernt er ab 1919 das Schreinerhandwerk, arbeitet von 1922 – 25 auch in Aalen und Heidenheim, von 1925 – 29 in Konstanz, später von 1933 – 39 wieder in Heidenheim in einer Armaturenfabrik, die an der Rüstungsproduktion beteilig ist.

Elser lebte fern von den Machtzentren des NS-Staates, meist also in kleinen Städten. Schon nach der Machtergreifung, er ist inzwischen 30 Jahre alt, nahm er eine ablehnende Haltung ein, als er den so genannten „Hitlergruß" verweigert. Und er informiert sich – mit Hilfe des Rundfunks – gründlich über das, was die faschistische Führung zu ihren Positionen und Plänen verbreitet. Sein Nachdenken über das, was er hört, verstärkt seine Ablehnung, bis ihm schließlich klar ist, dass die Gefahr eines Krieges ständig größer wird. Schon 1938 gelangte er zu der Überzeugung, dass ein Krieg unmittelbar bevorstünde und stellte für sich fest, dass „die Verhältnisse in Deutschland nur durch die Beseitigung ihrer Führung geändert werden können."[*]

Noch 1938 fasste er den Entschluß, Hitler als ersten zu beseitigen (zu denen, die beseitigt werden müssten, zählten für ihn auch Göring und Goebbels). Mit geradezu unglaublicher Ruhe, klarer Planung und unübersehbarer Zielstrebigkeit bereitete er völlig allein das Attentat vor. Nach einem Besuch der Gedenkveranstaltung der Nazis, auf der der Toten des Putsches vom 9. November 1923 gedacht wurde und auf der Hitler Jahr für Jahr redete, hatte er den Ort für sein Attentat gefunden – den Bürgerbräukeller in München.

---

[*] So wurde es im Protokoll eines der Verhöre Elsers durch die Gestapo 1939 festgehalten

Ein Jahr hatte er somit Zeit für die Vorbereitungs des Anschlages. Eine lange Zeit, aber Georg Elsner, der inzwischen nach München gezogen war, blieb bei seinem Entschluss.

Zuvor hatte er sich in einem Steinbruch, in dem er eine zeitlang arbeitete, den notwendigen Sprengstoff für eine Bombe verschafft, die er nebst Zeitzünder selbst baute.

Wenige Monate vor dem Veranstaltungtag, dem 8. November 1939, ließ er sich wochenlang im Bürgerbräukeller einschließen. Nacht für Nacht höhlte er eine Säule aus, bis der Hohlraum groß genug war, um die Bombe unterzubringen. Ein Mann allein in dem dunklen Raum, jedes zu laute Geräusch konnte ihn verraten und jeden Morgen musste er das Gebäude so geschickt verlassen, dass er ungesehen herauskam – eine unglaubliche Selbstbeherrschung. Als dann die Bombe – der selbstgebaute Zeitzünder funktionierte perfekt – explodierte, hatte Hitler entgegen seiner sonstigen Gewohnheit lange zu reden, den Saal schon dreizehn Minuten zuvor verlassen, da er mit dem Zug nach Berlin fahren wollte. Bei der Detonation starben acht Besucher, 63 wurden verletzt (Opfer, die der Attentäter nicht vorsätzlich töten wollte; völlig fokussiert auf Hitler, dürfte er eine solche Möglichkeit wohl völlig „verdrängt" haben). Elser wurde an der „Grünen" Grenze zur Schweiz eher zufällig festgenommen, dann aber schnell des Anschlags überführt.

Er verblieb lange in Gestapo-Haft, über das ‚Warum' gibt es keine Belege. Der Überfall auf Polen stand kurz vor dem militärischen Erfolg und sollte die Öffentlichkeit dominieren, in der die Kriegsbegeisterung noch nicht „erwacht" war. Und Georg Elsners Attentat zu nutzen, um politische Gegner auszuschalten, war deshalb nicht erforderlich, weil die einstigen politischen Gegner wie Kommunisten oder Sozialdemokraten in ihrer Mehrzahl in Konzentrationslagern oder Zuchthäusern saßen, wenn sie nicht emigriert waren.

Erst wenige Wochen vor Kriegsende, am 9. April 1945, wurde Georg Elser im Konzentrationslager Dachau hingerichtet.

Die Wolfsschanze am 20. Juli 1944
Zum Stauffenberg-Attentat auf Hitler

Da dieses Attentat Gegenstand zahlloser Publikationen war und ist, soll an dieser Stelle sein Ablauf nicht in aller Ausführlichkeit dargestellt werden. Der Weg von Claus Philipp Maria Schenk Graf von Stauffenberg zum überzeugten Attentäter und einem Offizier, der sein Leben rückhaltlos einsetzte, um die Katastrophe, die über Deutschland hereingebrochen war, aufzuhalten, ist insofern von besonderen Interesse, weil sie nicht zuletzt auch der berüchtigten „Legende" nachdrücklich entgegensteht, „man habe von all den Verbrechen, die im Deutschland Hitlers und an den Fronten des II. Weltkrieges alltäglich waren, nichts gewusst."

Claus von Stauffenberg, Militär aus Überzeugung, kam eben nicht aus dem Kreis derer, die von Beginn an das Unheil sahen oder ahnten, das Deutschland aus der faschistischen Diktatur erwachsen würde. Wie viele junge Offiziere sah er nach 1933 mit Begeisterung die „Wiederauferstehung" des deutschen Heeres, bis hin zur faschistischen Deutschen Wehrmacht, nach dessen Schattendasein durch die Bestimmungen des „Friedensvertrages von Versailles". Stauffenberg und viele seiner Altersgenossen in Offiziersuniform waren Nationalisten aus Überzeugung und folgten, nachdem der II. Weltkrieg begonnen hatte, dem Führer und seiner Generalität. Er selbst wurde im Krieg schwer verwundet, verlor ein Auge und eine Hand; seine linke Hand blieb verkrüppelt. Trotzdem blieb er im militärischen Dienst.

Im Gegensatz zu vielen anderen sah er jedoch genauer hin, so dass er die erschreckenden Zustände, die Willkür und die unfassbaren Verbrechen des NS-Regimes nicht nur nach und nach erkannte, sondern auch begriff, dass all das gewollt war.

Als Offizier, der nach seiner Verwundung in zentralen Dienststellen der Wehrmacht eingesetzt war, war ihm klar, dass die Lage an den Fronten inzwischen hoffnungslos geworden war, dass Deutschland unmittelbar vor der größten Katastrophe seiner Geschichte stand und es unmöglich schien, den militärischen und politisch entscheidenden Mann an der Spitze, Adolf Hitler, schon längst auch Oberbefehlshaber der Wehrmacht, auf legalem Weg aufzuhalten. Als Stabschef des Allgemeinen Heeresamtes in Berlin suchte und fand er unter den Offizieren Hitlergegner – zum Beispiel die Generäle Olbricht und von Tresckow – und besonders enge Verbündete unter seinen Altersgenossen, so den Oberleutnant Carl von Haeften, Oberst Albrecht Ritter Merz von Quirnheim u. a. Diesem Kreis schlossen sich der Generaloberst Ludwig Beck an sowie der frühere Oberbürgermeister von Leipzig Carl Friedrich Goerdeler und Mitglieder des „Kreisauer Kreises" wie Julius Leber und Wilhelm Leuschner sowie der Leutnant Peter Graf Yorck von Wartenburg. In diesem Kreis wurde der Operationsplan „Walküre" ausgearbeitet, der das Vorgehen nach der Beseitigung Hitlers bis zum wirklichen Staatsstreich festschrieb.

Die Verschwörer des 20. Juli brachen mit der eisernen preußischen Tradition, dass der „Fahneneid" einschränkungslos bindend sei und seine Missachtung jeden zum ehrlosen Verräter des Vaterlandes machte. Ein schwerer Entschluss, was besonders nachhaltig dadurch belegt ist, dass es genau dieser „Fahneneid" war, der es nicht wenigen Militärs unmöglich machte, sich zu widersetzen.

Mit dem Beginn ihrer Verschwörung war unvermeidlich verbunden, dass jeder sein Leben riskierte, denn schon ein folgenloses kritisches Gespräch führte zur Anklage wegen „Defätismus" oder „Wehrkraftzersetzung", was einem Todesurteil gleichkam.
Jeden Tag hätte ein SS-Kommando zuschlagen können. Dass es nicht geschah, beweist, dass der engste Kreis der Verschwörer so zuverlässig und vorsichtig war, dass er – obwohl man einen Umsturz unter Einbeziehung militärischer Einheiten plante – von der Gestapo und dem militärischen Abschirmdienst nicht „enttarnt" werden konnte.

Stauffenberg war eigentlich von Anbeginn die entschlossene, führungsstarke und treibende Kraft in der Gruppe der Verschwörer. Zugleich war er aber der einzige, der auf Grund seiner militärischen Aufgaben Zugang zu den Lagebesprechungen im Führerhauptquartier hatte, und nur er hatte damit überhaupt die Möglichkeit, Hitler zu beseitigen, die entscheidende Vorbedingung für den Erfolg der Operation „Walküre". Der Tod Hitlers hätte, was nicht unterschätzt werden darf, die Wehrmachtsangehörigen von ihrem „Fahneneid" entbunden, mit dem sie sich dem „Führer zu absoluter Treue und Gehorsam" verpflichtet hatten...

Stauffenberg konnte nicht nur den Sprengstoff in der Nähe Hitlers ablegen, er schaffte es - unglaublicher Weise - auch noch, nach der Detonation zusammen mit seinem Begleiter von Haeften das Führerhauptquartier, die Wolfsschanze bei Rastenburg, zu verlassen, um nach Berlin zurückzufliegen. Als er im Bendlerblock, dem Sitz der Verschwörerer eintraf, ist es zu spät. Hitler hatte überlebt, die Operation „Walküre" war nur mit Verzögerungen und teilweise halbherzig in Gang gesetzt worden.

Die völlig zerstörte Baracke nach dem Anschlag. Nur der Umstand, dass die Lagebesprechung am 20. Juli 1944, nicht wie sonst in einem Betonbunker stattfand, verhinderte den Tod Hitlers.

Goebbels gelang es, den kommandierenden Offizier des Wachbataillons Berlin, Major Rehmer, der auf Befehl der Verschwörer Goebbels eigentlich festnehmen sollte, auf seine Seite zu ziehen. Spätestens damit war die Verschwörung gescheitert. Im Bendlerblock versuchten einige „ihre Haut" zu retten, so der Generaloberst Fromm, der den Befehl gab, vier der aktiven Verschwörer – von Stauffenberg, von Haeften, von Quirnheim und Olbricht im Hof des Bendlerblocks zu erschießen. Generaloberst Beck legte er nahe, sich zu erschießen, was dieser vergeblich versuchte, bis ein Soldat den Schwerverwundeten mit einem tödlichen Schuss erlöste.

Auf Befehl Hitlers, der den adeligen Generälen und Offizieren nie wirklich getraut hatte, veranstalteten SS und Polizei eine gnadenlose Hetzjagd auf alle, die ihnen verdächtig erschienen, der Verschwörung irgendwie nahe gestanden zu haben. Tausende wurden verhaftet und vielen von diesen wurde vor dem „Volksgerichtshof" unter Leitung Roland Freislers* ein Prozess gemacht, in dem sie gedemütigt und gebrochen werden sollten, bevor sie gehenkt wurden. Die von Goebbels angeordneten Filmaufnahmen dokumentieren – ungewollt – dass die Angeklagten trotz Folter in den Verhören und der hasserfüllten Tiraden Freislers aufrecht blieben. Hunderte wurden hingerichtet, nur wenige überlebten das Zuchthaus.

Ob die Verschwörer, selbst wenn Hitler durch den Anschlag getötet worden wäre, die „Operation Walküre" zum Erfolg hätten führen können – auf diese Frage gibt es keine Antwort.
Was von Stauffenberg und seinen Gefährten bleibt, auch wenn es im Nachkriegsdeutschland lange dauerte, bis man ihr Handeln würdigen durfte, war und ist die Erkenntnis, dass es Gewissensentscheidungen gibt,

---

* Roland Freislers Tod während eines Bombenangriffs der Alliierten auf Berlin „befreite" die Nachkriegs-Bundesrepublik von der kritischen Aufarbeitung der Verbrechen der NS-Juristen. Bei einem überlebenden Freisler wäre es nicht so einfach möglich gewesen, seine Amtsgenossen aus der Justiz so bedenkenlos und ohne Skrupel in den Justizapparat der Bundesrepublik zu übernehmen. Freisler war schon ein Art „Symbol" der gnadenlosen, gesetzlosen NS-Justiz.

denen nicht unter Berufung auf Eid und Befehl ausgewichen werden darf, wenn ein verbrecherisches System das eigene Volk in den Untergang treibt, nachdem die brutale militärische Unterwerfung zahlloser Völker gescheitert ist und Millionen Juden, Sinti und Roma, ausländische Zwangsarbeiter und des Widerstands Verdächtige in den Konzentrationslagern systematisch vernichtet worden waren. Wirklicher Patriotismus hat mit Rassenwahn, Kriegsverbrechen nichts zu tun, im Sinne Stauffenbergs ist patriotische Gesinnung die Verpflichtung, dagegen in Wort und Tat Stellung zu beziehen.

Es ist alles andere als zufällig, dass seit 1945 der Begriff des „Patriotismus", durch seinen Missbrauch im „Tausendjährigen Reich" für viele obsolet geworden ist.

Exkurs: Möglichkeiten und Grenzen des Widerstandes – Deutschland 1933 bis 1945

Man spricht – will man ein Attentat begründen – seit Jahrhunderten häufig vom Tyrannenmord. Georg Elser, überzeugt von seiner Mission, war ein Einzelner, der diesen Weg beschritt. Niemand wusste von seinem Plan, obwohl er sein Attentat auf Hitler mit äußerster Umsicht und Beharrlichkeit vorbereitete. Mit seiner Überzeugung, dass Hitler die entscheidende Person im Gefüge des NS-Systems war, nahm er – ahnungsvoll – eine Erkenntnis vorweg, die sich in den folgenden Jahren aufs Nachhaltigste bestätigte.

Stauffenbergs Attentatsversuch scheiterte, weil die Lagebesprechung ausgerechnet an dem Tag in einer Holzbaracke stattfand und nicht – wie sonst üblich – in einem Betonbunker…

So konnte Hitler die von ihm bevorzugte „Vorsehung" bemühen, die aller Welt zeigte, dass er der „Ausersehene" war für die Vollendung seines „Auftrags".

Der Widerstand gegen die Nazidiktatur definierte sich aber in keiner Weise nur über Attentate…

Es waren nur wenige, die den Widerstand wagten und das unter Umständen, die ihnen keine Hoffnung ließen, mit ihrem Widerstehen andere zu gewinnen. Die NS-Diktatur schuf einen riesigen Sicherheitsapparat mit der „Zentrale des Terrors", dem Reichssicherheitshauptamt (RSHA), mit Gestapo, Polizei, pflichtbewussten Parteigenossen und zahllosen Spitzeln, mit Konzentrationslagern, Zuchthäusern und den Volksgerichtshöfen…

Die Erinnerung an diese kleinen Gruppen und einzelne Persönlichkeiten des Widerstandes ist zum einen immer wieder wichtig, wie auch die Bewahrung der Erkenntnis, dass ihr mutiger – meist illegaler Kampf – auch von einer bedrückenden Vergeblichkeit geprägt war.

Erst aus dieser Vergeblichkeit im Sinne dessen, dass die NS-Diktatur grundlegend verändert oder beseitigt werden könne, ergab sich, dass nur ein erfolgreiches Attentat – zuallererst auf den Führer Adolf Hitler – der einzig mögliche Weg blieb, den Schrecken des Krieges und des Terrors eine Ende zu machen.

Insofern waren Stauffenberg und seine engsten Gefährten schließlich die Einzigen, die den Widerstand zum Erfolg hätten führen können. Ihre Entscheidung, Hitler zu beseitigen, war auch eine Entscheidung für jene, die vergeblich gegen die NS-Diktatur gekämpft und von denen so viele ihr Leben verloren hatten. Deshalb ist es wichtig, an dieser Stelle an diese Menschen zu erinnern.

Aus freier Entscheidung riskierten überzeugte Gegner des Faschismus ihr Leben. Es war ein Aufstand des Gewissens – für den die Vertreter der „Bekennenden Kirche", etwa Pfarrer Martin Niemöller und andere Seelsorger wie der katholische Pater Maximilian Maria Kolbe (der sich in Auschwitz für einen Mithäftling opferte) oder der Pfarrer Paul Robert Schneider, wie Niemöller Mitglied der „Bekennenden Kirche" (ermordet am 18. Juli 1938 im Konzentrationslager Buchenwald) neben weiteren Geistlichen, wie etwa Pfarrer Nikolaus Demmer, der überleben konnte, standen.

Auch der „Kreisauer Kreis" gehört – wenn auch auf andere Weise – in diese Bewegung gegen die NS-Diktatur. Aus der Erkenntnis heraus, dass der Untergang des „Tausendjährigen Reichs" unausweichlich war, wenn auch erst mit dem militärischen Sieg der Alliierten, begann man gemeinsam – gleich ob adlig, bürgerlich oder links – an Ent-

würfen, Plänen, Aufgaben für ein künftig demokratisches Deutschland zu arbeiten. Was sie taten, war im NS-Deutschland ein Verbrechen, auf das die höchste Strafe stand – so wurden die meisten von ihnen – Helmuth James Graf von Moltke, Peter Graf York von Wartenburg und weitere Adelige, die linken Sozialdemokraten Julius Leber, Adolf Reichwein, Theodor Haubach, Carlo Mierendorff, die christlichen Mitglieder wie Pfarrer Alfred Delp, Augustin Rösch oder Hans Lukaschek verhaftet, dem so genannten Volksgerichtshof ausgeliefert, zum Tode verurteilt und wenige Monate vor Kriegsende hingerichtet.

Für diesen Aufstand des Gewissens steht im Besonderen die „Weiße Rose", die Geschwister Hans und Sophie Scholl, Christoph Probst, Willi Graf, Alexander Schmorell und der Hochschullehrer Professor Kurt Huber … Sie waren junge Menschen, Studenten oder Soldaten, die sich, ihrer Überzeugung folgend, öffentlich gegen das von ihnen als unmenschlich erkannte System stellten.

Gemeinsam ist all diesen Menschen eine außergewöhnlich moralische Integrität, eine Opferbereitschaft, die das eigene Sein aus eigener Entscheidung zu riskieren bereit war…
Nahezu alle mussten deshalb sterben…

Einen gänzlich anderen Weg gingen die deutschen Mitglieder der international organisierten „Roten Kapelle" (diesen Namen bekam sie – paradoxerweise – von der Gestapo). Als überzeugte Gegner des Nationalsozialismus und aus der Erkenntnis heraus, dass es keine reale Möglichkeit gab, dieses System von innen heraus zu beseitigen, sahen sie ihre Aufgabe darin, die militärischen Gegner zu unterstützen, in dem sie alles, was sie an nützlichen Informationen sammeln konnten, an diese weitergaben. Allgemein gesehen war die „Rote Kapelle" ein weit gezogener Spionagering mit beachtlicher Effizienz. Letztlich war es aber keine herkömmliche Arbeit von Spionen, denn die Angehörigen der deutschen Gruppe um Harro Schulze-Boysen und Arvid Harnack handelten aus eigener Entscheidung heraus und nicht um eines Agentenlohnes willen. Obwohl oder vielleicht gerade deswegen, wurde nicht streng nach konspirativen Regeln gearbeitet; dennoch blieb die Gruppe ungeachtet dieser Unkenntnis oder „Missachtung" solcher Regeln lange Zeit von der Gestapo unentdeckt. Erst ein unglaublich leichtsinniger Fehler – aus einem Funkspruch an die Moskauer Zentrale erfuhr die Gestapo die Klarnamen und Adressen der wichtigsten Mitglieder der Gruppe – führte schließlich zu *ihrer Entdeckung. Das Fehlen einer konspirativen Struktur machte es der Gestapo möglich, die meisten Mitglieder schnell festzunehmen. Mit den beiden bereits Genannten starben deren Ehefrauen Libertas Schulze-Boysen und Mildred Harnack*, Hilde Coppi, Cato Bontjes van Beek, Erika von Brockdorff, Hans Coppi, Heinz Stehlow, Horst Heilmann, Adam Kuckhoff, Walter Husemann und die anderen – Künstler oder Intellektuelle; einige von ihnen waren Kommunisten, die sich dieser ursprünglich eher bürgerlich orientierten Gruppe angeschlossen hatten. Von den 77 Angeklagten wurden 45 zum Tode verurteilt, 12 zu Zuchthaus und weitere 17 zu Gefängnisstrafen. Die jüngsten der Angeklagten waren nicht viel älter als achtzehn Jahre.*

Der Widerstand der hier Genannten und der vielen Ungenannten wurde nach Kriegsende zu unterschiedlichen Zeiten sehr unterschiedlich gesehen. Für viele, vor allem für die Ewig-Gestrigen, die sich nie mit dem NS-Regime und ihrem Leben in diesen Jahren – nicht zuletzt als Offiziere und Soldaten der faschistischen Wehrmacht – auseinandersetzen wollten, wie auch für die vielen „Diener" dieses „Tausendjährigen Reiches" waren sie „Vaterlandsverräter", erst recht, wenn sie Kommunisten gewesen waren oder gar für die Russen gearbeitet hatten.

Sicher gab es auch viele Menschen, die mit der Frage leben mussten, warum sie nichts getan hatten. Es ist immer schwer, auf jene zu schauen, die es trotzdem – unter Lebensgefahr – gewagt hatten.

Im Wandel der Zeiten und Ansichten vollzogen sich auch hier Veränderungen, als ihnen schließlich doch die gesellschaftliche Achtung entgegengebracht wurde, die ihrem Leben, Widerstehen und Sterben endlich gerecht wurde.*

---

* Hitler selbst veranlasste eine „Revision" der Zuchthausstrafen sowohl bei Mildred Harnack als auch bei Erika von Brockdorff. In einem zweiten Verfahren wurden die Urteile – wie bei diesem „Auftraggeber" nicht anders zu erwarten – in Todesurteile umgewandelt. Hilde Coppi konnte, sie war bereits schwanger, ihr Kind im Gefängnis zur Welt bringen, bevor sie hingerichtet wurde.

* Das war alles andere als selbstverständlich: nach dem Krieg entstanden in der BRD Soldatenverbände, Nazi-Juristen bleiben in ihren Funktionen, Kasernen trugen die Namen von Generälen des Führers oder von so genannten „Flieger-Assen", kommunistischer Widerstand blieb suspekt; in der DDR ignorierte man lange Zeit den bürgerlichen und christlichen Widerstand …

Mut zum Widerstand in lebensgefährlichen Zeiten wird immer in gewissem Sinne von wenigen Menschen aufgebracht. Auch ein Attentäter wie Georg Elser gehört in diesen Kreis. Deswegen sollte man behutsam beurteilen, bevor man Schweigen oder auch Wegsehen rigoros verurteilt. Denn dieser Widerstand verlangt eine unermessliche innere Stärke…

Schwieriger zu beurteilen ist dagegen der „befohlene" Widerstand, wie er von der in Moskau sitzenden Zentrale der Kommunisten von ihren in Deutschland verbliebenen Mitgliedern, die nicht in Konzentrationslagern saßen und umkamen, verlangt wurde. Geht es nur um ein „höheres Prinzip" und nicht mehr um eine persönliche Entscheidung, bleibt diese Form nicht nur problematisch, sondern fordert weit mehr Opfer als zu rechtfertigen ist. Zur gleichen Zeit sah die Führung der KPD in Moskau ohnmächtig zu, wie der sowjetische Geheimdienst die meisten der etwa 7.000 in die Sowjetunion emigrierten deutschen Kommunisten ermordete, in die „Gulags" verbannte oder in der Zeit des Hitler-Stalin-Paktes an die Gestapo auslieferte.

Der Attentäter, der den Tyrannenmord ausführen will, ist in einer Situation, die ihn zum Attentat treibt, weil er keinen anderen Weg sieht, die für ihn ungerechten Verhältnisse ändern zu können – so treiben ihn Erkenntnis, Hass und wohl auch Ratlosigkeit und die Bereitschaft, sich zu opfern, zur Tat.

Vom blutigen Ende der Gewaltlosigkeit
Die Ermordung Gandhis

Am 30. Januar 1948 wurde Mahatma Gandhi, Hindu, überzeugter Verfechter der Gewaltlosigkeit, der Mann, der damit die Ära der britischen Kolonialherrschaft in Indien beendete, von dem Hindu Nathuram Godse erschossen.

Nachdem Gandhi aus Südafrika in seine indische Heimat zurückgekehrt war, wurde er in den 30er Jahren zur herausragenden Persönlichkeit der Befreiungsbewegung gegen die übermächtige britische Kolonialherrschaft. Seiner Überzeugung nach war ein erfolgreicher bewaffneter Widerstand nicht nur ohne jede Aussicht auf Erfolg, sondern durch Glaube und Einsicht der einzig mögliche Weg, auf dem Indien zur Freiheit finden würde. Im Laufe der Jahre wuchs die Zahl seiner Anhänger, die ihm folgten und sich zum gewaltfreien Widerstand bekannten, stetig, so dass sie zur dominierenden Kraft der Freiheitsbewegung wurden. Gandhi hatte etwas – nahezu Unglaubliches – erreicht, was es noch zu keiner Zeit in diesem Maße und in dieser Dimension gegeben hatte: Hunderttausende folgten einem kleinen, hageren, asketischen Mann.

Seine indischen Kontrahenten, die sich in einer nationalistischen Bewegung organisiert hatten, waren mit ihrer radikalen, intoleranten Haltung nicht zuletzt auch gegen die muslimischen Einwohner der britischen Kolonie schon zu dieser Zeit Gegner Gandhis. Ihre konträren Positionen fanden aber damals keinen ausreichenden Rückhalt in der Bevölkerung...
In den ersten Jahren des II. Weltkrieges ließ Gandhi alle Aktionen aussetzen, da er Großbritannien in seinem Überlebenskampf gegen den deutschen Faschismus nicht schwächen wollte. Schon deswegen bemerkenswert, weil Gandhi, weit entfernt von Europa, zu seiner Entscheidung kam; außer Großbritannien dürfte sich wohl kaum ein anderes Land für den indischen Subkontinent interessiert haben.

Der legendäre „Salzmarsch" vom 12. März bis zum 6. April 1930, zu dem Gandhi aufgerufen hatte. Der Marsch führte ans Meer, wo die Teilnehmer ihre Salzgewinnung aufnahmen, die sich gegen das Salzmonopol der Kolonialherren richtete, das Indern verbot, Salz herzustellen. Daraufhin wurden etwa 60.000 Anhänger der indischen Unabhängigkeitsbewegung verhaftet.

Etwa im Jahre 1943 erneuerte Gandhi (und natürlich sein Umfeld), nachdem sich die Kriegslage sich zu Gunsten der Briten[*] im Verbund der Alliierten entwickelte, die Forderung nach der Unabhängigkeit Indiens.

Am 15. August 1947 wurde die Unabhängigkeit Indiens durch die Londoner Regierung unter dem Premier Clemens Attlee, zugleich Vorsitzender der Labour Party, erklärt. (in diesen Jahren zerfiel das britische Empire – die Mehrzahl der zum Empire gehörenden Staaten bzw. Kolonien lösten sich von Großbritannien oder erklärten ihre Unabhängigkeit.)

---

[*] Im II. Weltkrieg kämpften indische Truppen an der Seite der britischen Streitkräfte.

Die nach dem „Mountbatten-Plan" erfolgende Neugliederung Indiens schuf ein mehr als fragiles Staatengebilde: Der indischen Subkontinent wurde in 3 Staaten geteilt – Indien, Westpakistan und Ostpakistan (später Bangladesh); Kaschmir wurde geteilt und blieb seither ein Konfliktherd zwischen Indien und (West)Pakistan. Schon in den Verhandlungen vor der Unabhängigkeitserklärung wurde deutlich, dass die Muslim-Liga, die im Gegensatz zur Kongresspartei, deren nationalistische Kräfte nicht zuletzt einen einheitlichen Staat durchsetzen wollten, einen eigenen Staat forderte (und erhielt). Dass diese Entscheidung zu gravierende Spannungen zwischen Hindus und Moslems führen würde, musste allen, die diesen Beschluss fassten, eigentlich klar gewesen sein. Obwohl also absehbar war, dass es zu Konflikten kommen könnte, wurde nichts unternommen, um die jeweiligen Religionsgruppen, die auf dem Territorium des anderen neuen Staates lebten, zu schützen.

Millionen Hindus versuchten pakistanisches Gebiet zu verlassen, ebenso flohen die im indischen Staat lebenden Muslime. Aus dieser Flucht vor den nationalistischen gewaltbereiten Gruppen beider Seiten wurde eine von mörderischen Exzessen begleitete Vertreibung. In den Grenzgebieten fielen bewaffnete Formationen über die Flüchtenden her und ermordeten alle Männer, Frauen und Kinder, deren sie habhaft wurden. Es war eine hemmungslose Menschenjagd auf Andersgläubige, die wahrscheinlich Hunderttausende das Leben kostete.

Für Gandhi war das eine Tragödie, die alles in Frage stellte, wofür er gekämpft hatte. Mit einem Hungerstreik ging er bis zum Äußersten, um die Gewalt zu beenden. Und noch war Gandhi eine einflussreiche Persönlichkeit, die die Regierung Indiens so unter Druck setzen konnte, dass sie im Konflikt mit dem muslimischen Pakistan einlenken musste. Nachdem dies gelungen war, entschieden Führer und einige fanatische Anhänger der indischen Nationalisten-Partei, dass Gandhi als „Verräter" Indiens sterben müsse.

Am 30. Januar 1948 fielen die tödlichen Schüsse. Der Schütze, Nathuram Godse, war ein fanatischer Nationalist.

Die eigentlichen Mörder aber waren die politischen Gegner Gandhis. Sie wurden – was bei dieser Form von Attentaten an sich schon bemerkenswert ist – gefunden und vor Gericht gestellt:

„Die Männer, die später wegen Verschwörung zum Mord an Gandhi vor Gericht gestellt wurden, stammten alle ... aus den Reihen oder zumindest aus dem Umkreis der Hindu Mahsabha und waren rein ideologisch motiviert. Und alle ... stammten aus Mararashtra, der Hochburg der Partei der Hindu-Nationalisten. Ja, unter den Angeklagten war sogar der Führer der Hindu Mahsabha selbst: Vinayak Damodar Savarkar, von seinen Anhängern Veer Savarkar, Held Savarkar, genannt.

Der Todesschütze Nathuram Godse war ursprünglich ein Gandhi-Anhänger gewesen ... Aus Enttäuschung über Gandhi war er zum erbitterten Gegner geworden und zu den Hindu-Nationalisten übergelaufen. (...). Nathuram Godse, der seinen Lebensunterhalt als Schneider bestritt, verwendete seine Hauptenergie darauf, eine hindu-nationalistische Zeitung zu redigieren. Herausgegeben wurde die Zeitung von Narayan Dattatreyte Apte, ebenfalls Brahmane, ..., Absolvent der Universität mit dem Grad eines B. A., der ihn zur Ausübung des Lehrerberufs befähigte. Er war der eigentliche Drahtzieher des Mordkomplotts. (...)

Savarkar war ein Gegner aller Grundsätze Gandhis: Gegen Gewaltlosigkeit als Prinzip der Politik, gegen die Versöhnungspolitik gegenüber den Muslims, gegen Gandhis Antimodernismus. Savarkar machte (*ab 1937, d. A.*) die Hindu Mahsabha zwar zu einem wichtigen Faktor der indischen Politik, konnte aber keine größeren Wahlerfolge feiern."[9]

---

[9] Jürgen Lütt: Die Ermordung Gandhis am 30. Januar 1948; ebenda, Seite 397

Am 10. Februar 1949 wurde das Urteil gegen die Angeklagten verkündet: Nathuram Godse und Narayan Dattatreyte Apte wurden zum Tode verurteilt, weitere fünf Angeklagte zu lebenslanger Haft, Vinayak Damodar Savarkar wurde mangels Beweisen freigesprochen. Nachdem die Verurteilten Berufung eingelegt hatten, wurden zwei der zu lebenslanger Haft verurteilten freigesprochen. Einer der Mittäter fehlte auf der Anklagebank. Er hatte als „Kronzeuge" der Anklage einen Freispruch gewährt bekommen.

Es gehört nicht zu den Selbstverständlichkeiten politischer Attentate, dass neben dem Attentäter auch die „Hintermänner" angeklagt und verurteilt werden. Der Mord an Gandhi hatte aber nichts an den Machtverhältnissen in Indien geändert, so dass es keine Machtgruppierung gab, die die Wahrheit vertuschen oder gar die Täter „verschonen" musste.
Es war einer jener schrecklichen Siege eines exzessiven Nationalismus, der Menschenmassen deformiert und diese zu grausamen, blutigen Massakern bringt. Ob ethnisch oder religiös begründet – die Folge war und ist ein Fanatismus, der Menschen zu mörderischen Werkzeugen macht – geführt und manipuliert von jenen Kräften, die Unmenschlichkeit schüren, um ihre Ziele durchzusetzen.

1938 drehte der große französische Regisseur Jean Renoir einen Film, mit dem ebenso großen Jean Gabin in der Hauptrolle, mit dem Titel „La bête humaine" (Bestie Mensch) nach einem Roman von Zola. Im Mikrokosmos seiner Figuren zeigt der Film, wie ein Mensch zur Bestie werden kann. Das französische Wort für Mensch ‚humain' verweist auf in vielen Sprachen verständlichen Worte: human, humanistisch…
Wo ein menschenverachtender Fanatismus die Oberhand gewinnt, der seine Anhänger mit der „Freiheit für Gewalt und Mord" ausrüstet, werden Hass, Grausamkeit, skrupelloses Mordlust schnell alltäglich

Und so entwickelte sich auch im Indien von 1948 eine „Alltäglichkeit der Gewalt", der wahrscheinlich Millionen von Hindus und Moslems auf oft bestialische Weise zum Opfer fielen. Das war im Bürgerkrieg in Jugoslawien nicht anders, als nicht nur fanatisierte Banden, die sich Kämpfer nannten, marodierend und tötend durch das Land zogen, sondern Menschen, die jahrzehntelang in guter Nachbarschaft gelebt hatten, einander zu hassen und zu fürchten begannen, nur weil die einen Serben und die anderen Kroaten waren.

Das eigentlich Unvorstellbare dieser Deformierung ist, dass der Wandel derart abrupt erfolgt. Sind es anfänglich vielleicht noch einige wenige fanatisierte und brutale Figuren, so setzt buchstäblich mit den ersten Morden eine Eskalation ein, die aus Familienvätern Mörder von Frauen und Kindern macht, deren Brutalisierung unvorstellbar schnell Folterer, Vergewaltiger hervorbringt, die mit perfider Freude andere erst quälen, bevor sie sie töten. Und das alles setzt sich im nationalen Gedächtnis fest, es kann auch nach Jahrzehnten wieder ausbrechen.

Indien und Pakistan sind bis heute verfeindete Staaten, die von sich aus wohl nie den Streit um Kaschmir beenden würden. Angetrieben von Misstrauen und Hass rüsteten sich beide mit Massenvernichtungswaffen aus und keine Macht der Welt könnte wirklich Einhalt gebieten, wenn militante Fanatiker die Macht ergreifen würden, gleich ob legal oder mit einem Staatsstreich…

Mit Pandit Nehru als Ministerpräsident und Führer der Kongresspartei wurde die Führung endgültig von einem Politiker übernommen, der in der Innenpolitik auf eine wachsende Industrialisierung setzte und außenpolitisch einer der wichtigsten Repräsentanten und Akteure der damaligen Bewegung der „Blockfreien" Staaten wurde. Nicht zuletzt ist er einer der Politiker, der die imperiale Politik der USA immer wieder kritisierte.

Als er 1964 starb, folgte ihm seine Tochter Indira Gandhi im Amt. Sie setzte die Politik ihres Vaters fort und erwarb sich wie er ein hohes internationales Ansehen, in den Spannungsfeldern der Innenpolitik Indiens jedoch machte sie sich genügend Feinde. Am 30. Oktober 1984 wurde sie von ihren Leibwächtern erschossen. (Die Leibwache des Ministerpräsidenten wurde in Indien traditionell von der religiösen Gruppe der Sikhs gestellt. In dieser Zeit gab es ernste Konflikte zwischen der Regierung und den Sikhs. Dass diese etwa der Grund für das Attentat gewesen sind, ist nie nachgewiesen worden.)

Sieben Jahre später, am 22. Mai 1991 wurde ihr Sohn und Nachfolger im Amt, Rajiv Gandhi ebenso Opfer eines Attentats…

Drei Schüsse auf dem Petersplatz, Rom, 13. Mai 1981

Johannes Paul II. und das einzige Attentat der Neuzeit auf einen Papst

Als der polnische Kardinal Karol Józef Wojtyła am 16. Oktober 1978 zum Papst gewählt wurde und sich den Namen Johannes Paul II. gab, war erstmalig ein slawischer Geistlicher Oberhaupt der römisch-katholischen Kirche. Seine innerkirchliche Politik war streng konservativ im Sinne der Unveränderlichkeit der katholischen Glaubenslehre und ihrer Regeln. Besondere Schwerpunkte seines Wirkens waren zum einen eine Strategie, die darauf gerichtet war, die katholischen Gläubigen in aller Welt auf die von ihm formulierten Positionen festzulegen und zum anderen die katholische Kirche als offen für einen Dialog mit den anderen Religionen zu repräsentieren. Das war mit einer permanenten Reisetätigkeit verbunden. In gewisser Hinsicht sorgte er mit seiner Autorität vor Ort selbst für die Durchsetzung seiner Prinzipien und Interpretationen der katholischen Glaubenslehre.

Dabei war Johannes Paul II. die Gestaltung der Beziehungen zum Judentum und ihrem Staat Israel besonders wichtig. Er bekannte sich zur Mitschuld der katholischen Kirche am Holocaust, räumte ein, dass die Kirche in Glaubenskriegen, Inquisition und Verfolgung der Juden gefehlt habe...

Als polnischer Kirchenführer kannte er die prinzipiellen Konflikte des Katholizismus mit den kommunistischen Machthabern aus eigener Erfahrung. Ein unumstößlicher Antikommunismus war wichtiger Teil seines strategischen politischen Handelns.

Als in Polen 1980 die erste unabhängige Gewerkschaft Solidarność entstand, erfuhr sie wie auch ihr damaliger Führer Lech Wałęsa immense Unterstützung von Seiten des Vatikans. Johannes Paul II. sah in der Solidarność eine starke antikommunistische Bewegung, die er mit seinen Reisen nach Polen ab 1979, vor allem 1981 und 83 politisch stärkte und dafür Sorge trug, dass der Gewerkschaft die notwendigen finanziellen Mittel zur Verfügung standen.

Naturgemäß sah die sowjetische Parteiführung, dass die politische Situation in den sozialistischen Staaten Europas zu Teilen instabil wurde, noch dachte allerdings niemand ernsthaft über einen Niedergang des kommunistischen Lagers nach.

Die stringent konservative Haltung des Papstes war im Bezug auf die politischen Verhältnisse in Süd- und Mittelamerika – sicher auch auf Grund seiner antikommunistischen Position – davon geprägt, dass er die „Theologie der Befreiung" ablehnte und als eine Art Gegengewicht zum Erzbischof Romero u. a. Priestern auch selbst das Gespräch mit dem chilenischen Diktator Pinochet suchte. Es war ja nicht neu, dass der Antikommunismus Kirchenführer dazu bringt, Bewegungen, die sich gegen Diktatoren richten mit religiösen Argumenten zu verurteilen. Die so genannte „Dritte Welt" mit ihren existentiellen Problemen fand bei Johannes Paul II. weder Verständnis noch wirksame Unterstützung bei ihrem Kampf um politische Freiheit und soziale Gerechtigkeit...

Als am 13. Mai 1981 der Türke Mehmet Ali Ağca mit eine Pistole auf Johannes Paul II. schoss und ihn lebensgefährlich verletzte, lag die Vermutung nahe, dass dahinter der sowjetische Geheimdienst, eventuell in Verbindung mit dem bulgarischen, stand. Ağca selbst trug später noch zu weiterer Verwirrung bei, als er angab, dass er den Auftrag aus dem Vatikan erhalten habe, den Papst zu verletzen, damit der Heilige Stuhl die Sowjetunion beschuldigen und unter Druck setzen könne.

Seit dem verhängnisvollen Einmarsch der Sowjetarmee in Afghanistan war unübersehbar geworden, dass die gern als „Hardliner" bezeichneten Kräfte im Kreml an Macht gewonnen hatten. Beweise für Verstrickungen des Kreml in das Attentat auf Pabst Johannes Paul II. konnten allerdings nicht vorgelegt werden.

Johannes Paul II. überlebte das Attentat und erlebte so den Untergang des von ihm bekämpften kommunistischen Systems...

(Zum Schutz des unfehlbaren Papstes vor unfehlbaren Todesschützen wurde das Papamobil „erfunden". Es fährt den Papst bei öffentlichen Auftritten bis heute.)

Anwar-el-Sadat

Im gleichen Jahr, am 6. Oktober 1981, wurde der ägyptische Präsident ermordet. Die Umstände seines Todes deuten äußerlich auf ein Attentat hin, in ihrem Ablauf waren sie Teil eines lange geplanten Militärputsches, für dessen Erfolg die Ermordung Sadats unerlässlich war. Sein Tod war eine öffentliche Hinrichtung, als während einer Militärparade vier Soldaten ihre Zugmaschine verließen und mit ihren mit scharfer Munition geladenen Maschinenpistolen auf Anwar-el-Sadat feuerten, der ungeschützt auf der Ehrentribüne inmitten der Gäste der Parade saß. Mit Sadat starben sieben weitere Menschen. Die Todesschützen konnten überwältigt bzw. später festgenommen werden. Was zu dieser Hinrichtung geführt hatte, bleibt in gewisser Weise im Dunkeln. Nachfolger Sadats wurde Hosny Mubarak, zuvor Vizepräsident, der bis zu seinem Sturz durch die ägyptische Volksbewegung 2011 die Politik Sadats fortführte – also eine starke Westanbindung auf der einen und eine diktatorische Herrschaft im eigenen Land auf der anderen Seite, die wie schon zu Sadats Zeiten vom Westen toleriert wurde.

So kann mit großer Vorsicht vermutet werden, dass es bereits zu diesem frühen Zeitpunkt fundamentalistische Gruppierungen gab, die sich gegen die West-Orientierung der ägyptischen Politik stellten, aber viel zu schwach waren, um aus dem Tod Sadats Nutzen ziehen zu können.

Ein Winterabend in Stockholm
Der ungeklärte Mord an Olof Palme am 28. Februar 1986

Schwedens Ministerpräsident Olof Palme stand gemeinsam mit Willy Brandt und dem Österreichischen Bundeskanzler Bruno Kreisky für die Weiterführung einer Politik des Ausgleichs, der Vernunft, der friedlichen Lösung von Konflikten, die nach 1945 von der Gruppe der so genannten „Blockfreien Staaten" vertreten wurde. „Blockfrei" bedeutete – unabhängig von der geographischen Lage und der innenpolitischen Ausrichtung – nicht mehr, als dass die Staaten dieses Verbundes weder dem westlichen noch dem östlichen Bündnisblock angehörten. Bedeutende Repräsentanten und Vermittler der ersten Jahrzehnte waren neben anderen der indische Staatschef Pandit Nehru und der jugoslawische Staatschef Josef Broz Tito. Die Bezeichnung „Blockfrei" war sehr klug gewählt. Er stand zum einen für die Interessenvertretung der assoziierten Staaten in einer Gemeinschaft, aber diese Interessenvertretung schloss vor allem ein, Vermittlungsversuche in globalen Problemen und Konflikten zu unternehmen, insbesondere bei latenter Kriegsgefahr, aber auch gegen die weltweite Armut vorzugehen und den so genannten Entwicklungsländern bei der Artikulierung nationaler Interessen Hilfe zu leisten.

Die immer aufs Neue unzutreffend interpretierte „Neutralität" stand nicht auf der Agenda der „Blockfreien", ebenso wenig wie in den 70er und 80er Jahren für Olof Palme, Willy Brandt und Bruno Kreisky, obwohl Österreich als neutraler Staat galt.

Neutralität war, ist – und bleibt eine auf Illusionen aufgebaute Position. Wird beispielsweise ein kleiner Staat unbegründet von einem übermächtigen angegriffen, bedeutet Neutralität nichts anderes, als dass der angegriffene Staat der Übermacht ausgeliefert bleibt, weil er im Namen der Neutralität im Stich gelassen wird. In diesem Fall, wie in vielen anderen, führt die scheinbar objektive Neutralität unvermeidlich dazu, dass der übermächtige Angreifer letztlich davon profitiert. Im Kampf von Recht gegen Unrecht nützt Neutralität – ganz gleich, welche Gründe für diese formuliert werden, in der Konsequenz ausschließlich dem Unrecht.

Olof Palme stand für das Prinzip einer Objektivität, die sich nicht nach der politischen „Großwetterlage" richtete, und sich deshalb schon gar nicht von den beiden „Supermächten" beeinflussen ließ. Palme war ein Politiker, der sich in die internationalen und bilateralen Konflikte „einmischte", der versuchte, Strategien zur Lösung zu entwickeln, die darauf beruhten, die vitalen Interessen der Konfliktparteien zu beachten und nicht zuletzt Vorschläge, Wege und – wenn notwendig – Kompromisse ins Gespräch zu bringen. So stand er für die Sicherheit des Staates Israel, aber ebenso für das Existenzrecht der Palästinenser in einem eigenen Staat; er verurteilte sowohl den Terrorismus der El Fatah als auch die militante Politik Israels, die eine Lösung der Palästinenserfrage blockierte, ohne die es keinen Frieden im Nahen Osten geben würde.

Freunde hatte der schwedische Ministerpräsident sicher viele, aber ebenso Feinde in den Führungsetagen, ganz gleich, ob in der Sowjetunion und dem KGB oder in den USA und der CIA, ob in Israel oder in der Palästinenserorganisation der „El Fatah"…

Titel der deutschen Ausgabe der Biografie Olof Palmes

Nach einem Kinobesuch mit seiner Frau am Abend des 28. Februar 1986 ging das Ehepaar Palme (ohne Begleitschutz) nach Hause. An der Ecke Sveavägen und Tunnelgatan schoss ein Mann auf Olof Palme und seine Frau Lisbet. Palme wurde so schwer verletzt, dass er wenige Stunden später im Krankenhaus starb. Auch seine Frau wurde getroffen, erlitt aber nur leichte Verletzungen.

Der Attentäter flüchtete, verfolgt von einem Passanten, konnte jedoch unerkannt entkommen.

Wer nun erwartet hatte, dass die schwedische Polizei alle Hebel in Bewegung setzen würde, den Mörder zu suchen, wurde unangenehm überrascht. Eher zögerlich begannen die Ermittlungen und als man dann glaubte, den Täter der Öffentlichkeit präsentieren zu können, reichten die Beweise nicht aus, so dass der Mann wieder freigelassen werden musste…

Wie so oft bei politischen Attentaten wurden die Ermittlungen dilettantisch geführt. Warum auch immer.

(Zumindest in der Kriminalliteratur besitzt aber die schwedische Polizei fantastische, wenn auch eigensinnige Ermittler.)

Vielleicht hätte es eines solchen Mannes deshalb bedurft, weil der Eindruck nicht unbedingt falsch sein muss, dass es beim persönlichen Schutz des Ministerpräsidenten Versäumnisse gegeben haben könnte – eine falsche Einschätzung der Lage, einen Hinweis, der unbeachtet geblieben war. Versäumnisse, die – wenn es sie gegeben hat – erst schnell noch „korrigiert" werden mussten, bevor die Ermittlungen in Gang gebracht wurden.

Bei solchen Versäumnissen sind Polizeiführung und Geheimpolizei in der Regel äußerst „sensibel".

Das einzige was man nach langen Ermittlungen herausgefunden hatte, war, welchen Film das Ehepaar Palme gesehen hatte („Die Gebrüder Mozart" von der Regisseurin Suzanne Osten im Kino „Grand"), an welcher Stelle Olof Palme erschossen wurde und dass der Schütze entkommen konnte ohne verwertbare Spuren zu hinterlassen.

Die Frage nach dem Täter und einem möglichen Hintergrund ist bis heute offen. Nicht zuletzt auch deswegen, weil nie öffentlich bekannt wurde, welche politischen Absichten Palme zu diesem Zeitpunkt hatte, welche Konflikte oder internationalen Probleme er zur Sprache bringen wollte (und auf Grund welcher Informationen oder Dokumente).

So bleibt die Bandbreite der Beweggründe des Attentäters wohl ungeklärt – war es „nur" ein paranoider Einzeltäter, der sich Palme „ausgewählt" hatte? Immerhin bleibt hier die Frage unbeantwortet, woher dieser Mann wusste, dass das Ehepaar Palme an diesem Abend ins Kino ging und in welches. Ein derart spontaner, für einen hohen Politiker unüblicher Vorgang, erschwert im Grunde genommen einen gezielten Anschlag. Es bleiben also viele offene Fragen, die diese Version nicht zwingend stützen.

Auch wenn Palme einen Personenschutz bei einem privaten Kinobesuch abgelehnt haben mag, so verwundert es doch sehr, dass man, obwohl man die Ablehnung pro forma akzeptierte und auf den Personenschutz „verzichtet", nicht doch einige Beamte verdeckt einsetzte, um die Sicherheit des Ministerpräsidenten ohne sein Wissen zu gewährleisten. Man musste ja keine „Anfänger" damit beauftragen, die Palme aufgefallen wären.

Oder war es doch ein politisch motivierter Mord, um einen unbequemen, unabhängigen Politiker, der auf der internationalen Bühne Ansehen und Einfluss besaß, zu beseitigen?
Was geschah 1986 nach Palmes Tod? Was könnte im Falle eines politisch motivierten Mordes zu der Entscheidung geführt haben, Olof Palme zu beseitigen?
War es die am 15. April stattfindende Bombardierung von Tripolis und Bengasi, die von Präsident Reagan im US-amerikanisch-libyschen Konflikt befohlen wurde, um den von Libyen ausgehenden Terrorismus zu „bestrafen"? Hatte Palme Informationen erhalten, die ihn auf diesen Plan aufmerksam machen sollten? Bislang gibt es keinen Beweis dafür, aber es wäre ein alles andere als unwahrscheinliches Motiv.

Der atomare GAU von Tschernobyl am 26. April des Jahres gehört sicher zu den furchtbarsten Katastrophen der Menschheitsgeschichte. Sie war – geht man von den Umständen aus – nicht zu verhindern.

Bliebe noch die so genannte Iran-Contra-Affäre. Über einen unbekannten Zeitraum war der Iran von den USA (Militär und Rüstungsindustrie) illegal mit Waffen beliefert worden. Ein wie immer gewinnbringendes Geschäft – nur diesmal wurde ein Teil der illegalen Gewinne an die „Contras" genannten – und von den USA unterstützten – militanten Gegner der in Nicaragua regierenden Sandinisten weitergeleitet. Sowohl die illegalen Waffenlieferungen an den Iran (während des Golfkrieges) als auch die illegale Finanzierung der „Contras" verstießen direkt gegen Beschlüsse des Kongresses und ohnehin gegen gültige Gesetze.

Ein „Bauernopfer" war angebracht und Reagan entließ seinen Sicherheitsberater; der Oberstleutnant North, der die „Geschäfte" abgewickelt hatte, wurde ebenfalls entlassen und vor Gericht gestellt, wo er dann eisern schwieg.

Wusste Palme davon? Sympathisierte er mit den Sandinisten? Auch hier fehlen Beweise, und dennoch ist ein politischer Mord im höheren Auftrage nicht völlig auszuschließen.

Ein Öffentlichmachen dieser Vorgänge außerhalb der USA wäre auch einem Ronald Reagan, der sich ja gern als d e r Vertreter des Guten präsentierte, mehr als unangenehm gewesen…

Diese nicht undenkbaren Gründe für ein politisches Attentat schließen andere „Interessenten" keinesfalls aus – ganz gleich ob KGB, Mossad, El Fatah oder andere… Auch politische Gegner im eigenen Lande sind nicht zwingend unverdächtig…

Vom Mut zum Frieden und vom Tod
Die Ermordung Yitzak(Jitzchak) Rabins am 4. November 1995

Die Umstände des Attentats und seine Folgen belegen ein scheinbares Phänomen politischer Attentate: Mit dem „Tyrannenmord" wird seit Jahrhunderten keine despotische Herrschaft und keine Diktatur beendet. Gelingt der „Tyrannenmord", tritt an seine Stelle ein anderer, der dafür steht, dass sich die politischen Verhältnisse in keiner Weise ändern, misslingt der Anschlag, dann folgt – wie auch bei einem Wechsel der Person – eine meist krasse Verschärfung der Repressionen; das Attentat wird genutzt, um politisch Missliebige auszuschalten, Macht und Einfluss der Sicherheitsdienste nehmen zu, noch vorhandene Gesetze werden weiter eingeschränkt oder mit Hilfe eines zeitlich unbegrenzten „Ausnahmezustandes" völlig außer Kraft gesetzt…

Die Ermordung Yitzak Rabins dagegen zeigt geradezu exemplarisch, dass Attentate, deren Opfer Persönlichkeiten sind, die für eine Politik der Vernunft, einen Paradigmenwechsel etwa in der Frage Frieden statt Krieg stehen und auf Grund ihres außergewöhnlichen Ansehens stark genug sind, um auf ihrem Weg erfolgreich zu sein, solche politischen Ziele und Lösungswege damit auf Jahre blockieren sollen.
Zweifelsohne gelingt das nicht immer: die Ermordung Martin Luther Kings konnte die Aufhebung der Rassentrennung per Gesetz nicht mehr verhindern. Mit seinem Tod wurde aber eine international hoch angesehene Persönlichkeit „ausgeschaltet", deren kritische Positionen – etwa zum Vietnamkrieg – mit Beginn der Johnson-Administration als allzu störend empfunden wurden.

Israel und die PLO begannen in den 90er Jahren nun ernsthafte Gespräche über den politischen Status der Palästinenser, die zwischen Yitzak Rabin und dem Chef der PLO, Yassir (Jassir) Arafat, unter Mitwirkung des amerikanischen Präsidenten Bill Clinton, geführt wurden. Es waren zwei ursprüngliche Todfeinde, die sich gegenüber standen, nun bereit, einen

Weg zum Frieden zwischen Israel und den Palästinensern zu finden und zu gehen. Eine Voraussetzung war, dass Arafat dem Terrorismus abgeschworen hatte (der von Hamas, Jihad und Hisbollah mit aller Härte fortgeführt wurde, weshalb diese Organisationen dann auch Arafat und die PLO bekämpften). Eine weitere Voraussetzung bestand darin, dass mit Rabin ein Mann an der Spitze des Staates Israel stand, der erkannt hatte, dass der Weg zu einem dauerhaften Frieden bessere Möglichkeiten bot, auch den Kampf gegen den islamischen Terrorismus mit größeren Erfolgsaussichten zu führen.

Als am 13. September 1993 die Erklärung „über die vorübergehende (palästinensische) Selbstverwaltung" zwischen Israel und PLO im Beisein von Clinton in Washington unterzeichnet wurde, wuchs die weltweite Hoffnung auf ein friedliches Ende dieses Konflikts, der seit 1948 Frieden in Vorderasien unmöglich gemacht hatte. Rabin und Arafat wurden deshalb mit dem Friedensnobelpreis geehrt.

Die militanten und radikalen Kräfte in Israel, die sich gegen jede Form der Aussöhnung mit den Palästinensern oder ihre Selbstverwaltung als Anerkennung der PLO stellten, waren eine starke Macht von bedeutendem politischen Einfluss. Nur einer Persönlichkeit wie Yitzak Rabin war es möglich, sich diesen Kräften mit Erfolg entgegenzustellen. Rabin hatte sich als Soldat und hoch dekorierter General in den Kriegen mit den arabischen Staaten und den Palästinensern besondere Verdienste erworben. Er war ein Mann, dessen militärische Laufbahn ihm eine besondere Aura gab, denn niemand konnte somit Zweifel an Rabins Verdiensten beim Kampf um die Existenz Israels vorbringen.

Er war – mit Sicherheit – in dieser Zeit der einzige Politiker in Israel, dem es möglich war, einen Weg hin zum Frieden durchzusetzen.

Somit gab es für seine Gegner nur noch eine Möglichkeit, ihn von diesem Weg abzubringen. Rabin musste ermordet werden.

1994 wurden die israelischen Truppen aus den palästinensischen Autonomiegebieten abgezogen. 1995 wurden diese Gebiete auf das Westjordanland erweitert.

Während des Treffens in Oslo 1995 gab Rabin eine Erklärung ab, in der er auch darauf einging, was dieser Moment für ihn bedeutete:

„Was Sie hier vor sich sehen, war noch vor zwei oder drei Jahren unmöglich, ja phantastisch. Nur Dichter haben davon geträumt, und zu unserem großen Schmerz sind Soldaten und Zivilisten in den Tod gegangen, um diesen Augenblick möglich zu machen. Hier stehen wir vor Ihnen, Männer, die vom Schicksal und der Geschichte auf eine Friedensmission geschickt wurden: einhundert Jahre Blutvergießen für alle Zeiten zu beenden." Und er fügte den Satz an: „Der Frieden hat keine Grenzen."

Längst hatten die Gegner Rabins in Israel damit begonnen, ihn in aller Öffentlichkeit nicht nur anzugreifen, sondern auch mit einer regelrechten Hetzkampagne begonnen: mit Plakaten, die Rabin als Verräter denunzierten, sowie mit bösartigen Vergleichen Rabins mit berüchtigten Diktatoren. Lea Rabin hat darüber in ihren Erinnerungen an ihren Mann geschrieben.

Yitzak Rabin war damit jedoch nicht im Mindesten einzuschüchtern. Auf einer abendlichen Friedenskundgebung in Jerusalem bekräftigte er in seiner Rede seine Überzeugung von der Richtigkeit seines Weges: „Diese Regierung, der ich gemeinsam mit meinem Freund Shimon Peres das Privileg habe vorzustehen, hat sich entschieden, dem Frieden eine Chance zu geben – einem Frieden, der die meisten Probleme Israels lösen wird. ... Der Weg des Friedens ist dem Weg des Krieges vorzuziehen. Ich sage Euch dies als jemand, der 27 Jahre lang ein Mann des Militärs war."

Als Yitzak Rabin die Rednertribüne verließ und zu seinem Wagen begleitet wurde, stand sein Mörder unbeachtet schon bereit. Jigal Amir, ein rechter Extremist, schoss mit seiner Pistole auf Rabin und verwundete ihn tödlich. Rabin starb wenige Minuten später im Hospital.

Das Attentat kann zwar der Anschlag eines radikalisierten jungen Mannes gewesen sein. Es kann aber auch ein ernst zu nehmender Beleg dafür sein, dass hinter der Ermordung Rabins ein organisierter Anschlag seiner politischen Gegner steckte, weil er das Tor zum Frieden geöffnet hatte und genügend Rückhalt in der israelischen Bevölkerung besaß, um seinen Weg erfolgreich zu Ende zu gehen.

Seither gab es nicht einen Moment, in dem der Frieden in dieser Region jemals wieder so nahe war, wie in diesen Jahren – nicht einmal im Traum.

Der Täter wurde verurteilt, inwieweit Hintergründe dieses Attentats aufgeklärt worden sind, wurde nicht bekannt gegeben.

Rabin und seine Frau Lea liegen am Herzlberg, zwei Gedenksteine erinnern an beide und an den Mann, der den Mut zum Frieden hatte.

Auch im neuen Jahrtausend ist die Zeit der Attentate noch immer nicht vorbei

Der serbische Bürgerrechtler Zoran Đinđić (Djindjic) war führend am Sturz des Machthabers Slobodan Milošević beteiligt. 2001 wurde er zum Ministerpräsidenten von Serbien und Montenegro gewählt. Er ordnete die Auslieferung Miloševićs an das UNO-Kriegsverbrechertribunal in Den Haag an und es begannen die Untersuchungen der Verbrechen der alten Machthaber.

Am 12. März 2004 wurde er in Belgrad von einem Scharfschützen ermordet. Đinđić hatte sich mit seiner Politik besonders in Kreisen der ehemaligen und noch tätigen Geheimdienstmitarbeiter wie im politischen Lager der Anhänger von Milošević genügend Feinde gemacht, die nicht nur fürchten mussten ihre Macht endgültig zu verlieren, sondern ebenfalls vor Gericht gestellt zu werden.

Am 27. November 2007 wurde Benazir Bhutto, Führerin der pakistanischen Opposition in Rawalpindi in der Provinz Punjab Opfer eines Attentats. Benazir Bhutto war von 1988 bis 1990 sowie von 1993 bis 96 Premierministerin von Pakistan, ging danach ins Exil, aus dem sie im Oktober 2007 zurückkehrte um für das Amt des Ministerpräsidenten zu kandidieren. Zwei Wochen vor der Parlamentswahl wurde sie ermordet.

Es kann als sicher gelten, dass sie bei einem Wahlerfolg den abgewählten Machthabern zu gefährlich geworden wäre.

II. Vom Anarchismus zum Terrorismus – ein Exkurs

Vom Woher und Warum des Anarchismus

Anarchie – ein Schreckenswort für jede Form der Obrigkeit, denn im weitesten Sinne ist Anarchie für die Herrschenden eine besonders gefährliche Situation, weil die Gesetze und Vorschriften, die sie für den Bestand ihrer Macht erlassen haben, von „Untertanen" außer Kraft gesetzt werden. Ein bedenklicher, bedrohlicher Zustand, vor allem dann, wenn es sich dabei um größere und auch kleinere Gruppen von Anarchisten handelt. Dem muss mit allen Mitteln Einhalt geboten werden.

Einer der bekanntesten frühen Anarchisten könnte Robin Hood gewesen sein, wenn er denn wirklich gelebt hätte. Vom bösen König Johann ohne Land, auch King John genannt, verfolgt, geht er in die Wälder von Nottingham zu den Gesetzlosen, um mit ihnen gemeinsam auf anarchistische Art und Weise für Gerechtigkeit zu sorgen, indem den Reichen genommen und den Armen gegeben wird. Er ist allerdings kein Revolutionär, denn seinem wahren König, Richard, bleibt er treu. Schließlich kehrt er – geehrt und verheiratet – zurück ins ehrbare Leben.
Eins sollte jedoch beachtet werden: zwar gilt für Robin Hood und seine Schar die königliche Gesetzlichkeit nicht, die ihnen der Sheriff von Nottingham so gerne aufdrücken möchte, in Robin Hoods Mannschaft gelten aber eigene feste Regeln und Robin ist der Chef…

In der Literatur ist noch manch andere Gestalt zu finden, die oft als Einzelkämpfer oder mit wenigen Getreuen gegen Willkür und für Gerechtigkeit kämpft und dabei, dank überlegener Fechtkunst, die vielen Bösewichte ins Jenseits befördert – Zorro und seine Brüder im Geiste stehen für eine Utopie der Gerechtigkeit, in der jeder befreit von Willkür und Ausplünderung leben könnte, wenn es diese großartigen, selbstlosen und unverwundbaren Kämpfer denn wirklich gäbe.
Sie wurden die „Gesetzlosen" genannt. Eine Bezeichnung der Obrigkeit, die darauf zielte, diese Menschen zu diskreditieren, in der sich im gewissen Sinne auch ihre Furcht

artikulierte, denn diese „Gesetzlosen" entzogen sich ja nicht nur den Gesetzen, sondern stellten die Allgegenwärtigkeit der Macht in Frage.

Im Anarchismus findet sich diese Tradition wieder, wenn auch mit einer gewissen Umkehrung. Die Umkehrung ergibt sich aus den veränderten Merkmalen – der Anarchismus des 19. Jahrhunderts (bis hinein ins 20. Jahrhundert) lehnte jede Form von Gesetzlichkeit, die von den Herrschenden festgeschrieben wurde, aus seiner Überzeugung heraus prinzipiell ab. Er flüchtete sich aber nicht mehr in die Wälder, sondern verweigerte „öffentlich" ihre Einhaltung als einen Akt der Unterwerfung und der Unfreiheit. Dieser Anarchismus, nun auch mit theoretisch begründeten politischen Positionen, entstand unter unterschiedlichen sozialen und politischen Bedingungen, in Russland etwa durch die repressive und offenbar unveränderliche Herrschaftspraxis des Zarismus und der Großgrundbesitzer, in Spanien, einer weiteren Hochburg des Anarchismus, durch den permanenten Konflikt zwischen der Machtzentrale, lange Zeit verkörpert durch die Monarchie, und verschiedenen Volksgruppen, die nach Autonomie strebten, wie die Katalanen und Basken.

Der russische Revolutionär Michail Alexandrowitsch Bakunin (30. Mai 1804 – 1. Juli 1876) war einer der bedeutendsten Theoretiker des Anarchismus, der sein Leben lang in Europa unterwegs und immer dort zu finden war, wo Revolutionen oder Aufstände stattfanden – in Paris, Prag, Dresden und später in Polen und Italien nahm er an den Kämpfen teil, einige Jahre saß er im Gefängnis, andere verbrachte er in sibirischer Verbannung. Sein Credo war die Ablehnung jeder Autorität und sein Modell war ein „kollektiver Anarchismus".

Anarchismus bedeutete aber keineswegs, dass jeder Anarchist etwa ein potentieller Attentäter war. Ursachen anarchistischen Widerstandes lagen im unbedingten Willen der Machthaber, ihre Gesetze mit allen Mitteln durchzusetzen, und in deren radikaler Ablehnung durch die Anarchisten. Genau das aber konnten und wollten die Herrschenden nicht zulassen, schließlich konnte das zu einer ernsten Gefährdung ihrer Macht führen. Deshalb setzte man alle Mittel ein – Verhaftungen, Repressionen und Waffengewalt – um diese Bedrohung auszuschalten. Da für die Anarchisten weder Anpassung noch Unterwerfung in Frage kam, mussten sie sich zur Wehr setzten – mit radikaler Verweigerung und bewaffnetem Widerstand…

Außer den genannten Russland und Spanien war besonders Italien Heimstatt des Anarchismus, der eng mit dem Kampf Garibaldis und seiner Rothemden für die Vereinigung Italiens verbunden war.

Warum gerade Spanien, das einstige Weltreich in „dem die Sonne nicht unterging" zur Heimstatt des Anarchismus wurde, hat seine Ursachen in seiner regionalen Gliederung in verschiedene Volksgruppen mit eigener Sprache und Kultur: Katalonien, das Baskenland, Asturien und Kastilien… Es war nicht nur ein Kampf um Autonomie, sondern ebenso ein Kampf um die Identität der jeweiligen Volksgruppe bis hin zum Erhalt der eigenen Sprache und Kultur.

War Kastilien das „Kernland" der Zentralgewalt, so waren die Katalanen und Basken entschiedene Gegner dieser zentralen Machtausübung. Das galt für die Zeiten monarchistischer Herrschaft genauso wie für die Herrschaft von Diktatoren (etwa für die Ära Primo Riveras von 1923 bis 1939, und später für den Franco-Faschismus). Die zentrale Macht hatte ein vitales Interesse, uneingeschränkt über ganz Spanien zu herrschen. Jegliche Autonomiebestrebungen waren suspekt und mussten bekämpft werden. Besonders in Katalonien und im Baskenland wurde der Anarchismus zur sich verbreitenden Form des Widerstandes, der in diesen wie in anderen Regionen mehr und mehr Anhänger fand…
Der Begriff der „Gesetzlosen", die damit verbundenen historischen Erfahrungen und deren Legenden trifft die Haltung der Anarchisten nicht wirklich. Sicher, sie verweigerten sich den Gesetzen des Staates, aber gleichzeitig entwickelten sie ihre eigenen Gesetze…

Im Spanischen Bürgerkrieg 1936 bis 39 gehörten die Anarchisten sicher zu den tapfersten Kämpfern, die sich naturgemäß jeder militärischen Disziplin verweigerten. So wurden Berichte bekannt, dass an manchen Abschnitten der Front die Anarchisten am Abend ihre Stellungen verließen, um sie am Morgen darauf – inzwischen waren sie von feindlichen Truppen besetzt worden – mit Todesverachtung und unter großen Verlusten zurückzuerobern.

Wenn sich bei einem Angriff die anderen Soldaten auf dem Boden liegend den feindlichen Stellungen näherten, gingen viele Anarchisten aufrecht auf die gegnerischen Linien zu – ein Anarchist kriecht nicht vor seinem Feind.

Mit dem Sieg Francos und der Errichtung seiner faschistischen Diktatur wurden die Anarchisten Spaniens, soweit sie nicht gefallen oder hingerichtet worden waren, von Polizei und Justiz verfolgt und ins Zuchthaus gebracht und auf diesem Weg weitgehend ausgeschaltet.

(Die Zeit des russischen Anarchismus endete mit der Oktoberrevolution 1917 und endgültig in den Folgejahren.)

Doch mit Francos Sieg war die Geschichte des spanischen Anarchismus noch nicht zu Ende. In den folgenden Jahrzehnten entwickelte sich ein Widerstand gegen die Diktatur, dessen Wurzeln im traditionellen Anarchismus lagen, der sich nun zwangsläufig im Untergrund organisierte und dem es vor allem immer nachhaltiger darum ging, Unabhängigkeit insbesondere für das Baskenland durchzusetzen. Zur Geschichte der ETA, der baskischen Untergrundbewegung, später mehr.

Die Katalanen standen – schließlich war ihre Hauptstadt Barcelona vielleicht d i e Stadt des Widerstandes gegen Franco in der Zeit des Bürgerkrieges – besonders im Fokus des Misstrauens der faschistischen Diktatur; das galt nicht etwa nur für die massiven Repressionen nach dem Ende des Bürgerkrieges, es galt für die gesamte Zeit des Franquismus. Kein regionales Parlament, Verbot der katalanischen Sprache, der Lieder und Tänze. Verstöße wurden – und sei es nur das Singen eines Volksliedes auf der Straße – rigoros bestraft.

120

Opfer eines Anarchisten, oder: Sissis stilles Sterben
Das Attentat auf Elisabeth II. von Österreich am 10. September 1898

Deutschlands (dank Romy Schneider) beliebteste Kaiserin nach 1945 war zweifelsohne Elisabeth II.

In ihren späteren Jahren hatte sich Kaiserin Elisabeth II. schon lange aus der Politik der Habsburger Monarchie verabschiedet. Statt zu regieren, reiste sie die meiste Zeit durch Europa, auch wenn es ihr angesichts ständiger gesundheitlicher Probleme nicht immer leicht fiel; doch so konnte sie dem ungeliebten Hofstaat entfliehen. Am 9. September 1898 traf sie inkognito in Genf ein, wohin die Gräfin Rothschild sie eingeladen hatte. Am darauf folgenden Tag ging sie mit Gräfin Sztáray zu einer Schiffsanlegestelle, als gegen 13. 30 Uhr ein Mann auf sie zutrat und mit einer spitzgeschliffenen Feile zustach. Obwohl am Herz getroffen, brach die Kaiserin erst auf dem Schiff, das sie nach Caux bringen sollte, zusammen und verstarb, nachdem man sie in ihr Hotel zurückgebracht hatte.

Ihr Mörder war ein italienischer Anarchist namens Luigi Lucheni, der nach seiner Ankunft in Genf wohl eher zufällig von der Anwesenheit der Kaiserin erfahren hatte. Wie er später erklärte, wollte er ursprünglich den Prinzen Henri Philippe d'Orléans töten.

Gut möglich, dass er seinen Plan deshalb änderte, weil der Rang einer Kaiserin weit höher war als der eines Prinzen.

Offenkundig war er ein in gewisser Weise fanatischer Anarchist, der seine Ablehnung der Monarchie mit einer Tat „demonstrieren" wollte. Er war in der Absicht nach Genf gereist, dort das von ihm gewählte Opfer zu töten, das er – am Ort angekommen – gegen ein anderes austauschte. Mit Elisabeth II. traf es eine Monarchin, die aus politischer Sicht eigentlich keinen Grund bot, sie umzubringen, sieht man davon ab, dass sie Kaiserin war. Es war schon eine irgendwie merkwürdige aber eben todbringende Aktion, zu der sich Lucheni offenkundig „berufen" fühlte.

Der europäische Terrorismus des 20. Jahrhunderts –
Spurensuche
Zur Geschichte von IRA, ETA, RAF, „Rote Brigaden"...

Nach dem I. Weltkrieg existierte der „klassische" Anarchismus nur noch in Randgruppen. An seine Stelle traten aber neue, anders organisierte und auf gewaltsamen Widerstand hinzielende Organisationen und Gruppen.

Was heute gern übersehen wird: der Terrorismus als radikalste Form eines politisch und auch nationalistisch motivierten „Krieges" entstand in Europa – in Irland, Spanien, Deutschland und Italien...

1914 – das „Vorspiel" zum ersten Weltkrieg
Die Balkanhalbinsel war über Jahrhunderte ein permanenter Kriegsherd – ob einst die Türken sie eroberten, ob sich die Balkanstaaten untereinander befehdeten, ob Russlands Armeen aufmarschierten oder die Habsburger Monarchie ihr Hoheitsgebiet vergrößerte, wirkliche Ruhe und längere Friedenszeiten kannte der Balkan lange Jahrzehnte nur sehr selten.

1878 – nach der Beendigung der Türkenherrschaft über Bosnien und Herzegowina – übernahm Österreich-Ungarn vorerst die Verwaltung beider Länder, um sie 1908 zu annektieren. Das führte zu verschärften Spannungen mit Serbien, das eigene Interessen an beiden Länder auch damit begründete, dass ein Teil der Bewohner Bosniens* Serben waren. Da Serbien mit dem zaristischen Russland verbündet war, hatte dieser scheinbar regionale Interessenkonflikt auch seine europäische Dimension.

Die beiden nur wenige Monate zurückliegenden Balkankriege (1912/ 13), in die neben nahezu allen Balkanstaaten auch die Türkei** verstrickt war,

---

* Unter den rund 2 Millionen Einwohnern Bosniens und der Herzegowina waren etwa ein Viertel Christen, die nicht zur orthodoxen Kirche gehörten sowie rund ein Drittel Moslems (eine Nachwirkung der türkischen Herrschaft.);

** Auch wenn ein kleiner Teil der Türkei auf dem Balkan liegt, kann sie nicht als Balkanstaat bezeichnet werden, selbst wenn das die Türkei anders gesehen haben könnte.

hatten Europa nachdrücklich vor Augen geführt, wie explosiv die politische Lage in dieser Region war, die eben nur scheinbar abseits von den politischen Zentren lag.

Aus welchem Grunde auch immer entsandte die Habsburger Monarchie 1914 den Thronfolger Franz Ferdinand in Begleitung seiner Gemahlin, der Herzogin Sophie von Hohenberg, nach Bosnien. Die Reise führte über Mostar und Ildiže nach Sarajevo…

Dort hatte sich eine Gruppe vor allem junger Menschen, Studenten und Schüler, zusammengefunden, die als Serben gegen die Fremdherrschaft kämpfen wollten. Es war vor allem ihr naiver Nationalismus, der sie zusammengeführt hatte. Keiner von ihnen war etwa überzeugter Anarchist noch verfügten sie über Kenntnisse oder Erfahrungen im Gebrauch von Waffen oder Sprengstoff. Der Ablauf des Attentats von Sarajevo war – man kann es nicht anders nennen – von einem unglaublichen Dilettantismus geprägt – allerdings auf beiden Seiten.

Am 28. Juni kurz nach zehn Uhr trat der Thronfolger mit Gemahlin, begleitet von honorigen Repräsentanten in einigen Autos, die Fahrt durch Sarajevo an. Die mit Bomben und Pistolen versehenen Attentäter hatten sich entlang der Strecke postiert.
Der erste Attentäter, Muhamed Mehmedbasič, zündete seine Bombe nicht, wie auch der Zweitpostierte, Vaso Čubrilovič, ein Schüler; erst der Dritte in der Reihe, Nedeljko Čabrinovič, warf seinen Sprengsatz, der den Wagen des Erzherzogs nur knapp verfehlte. Es gab die ersten Verletzten unter den Begleitern und Passanten. Der folgende Attentäter, der Schüler Četko Popovič schaffte es – wie seine zwei Kameraden – nicht, seine Bombe zu werfen. So gelangte der Konvoi zum Rathaus der Stadt. Dort stand Trifko Grabež, der ebensowenig in der Lage war, aktiv zu werden.

Alle Würdenträger und Sicherheitsverantwortlichen waren offenkundig mit der Situation derartig überfordert, dass schließlich die Entscheidung des

Erzherzogs, der darauf bestand, den beim Bombenwurf verletzten Offizier Merizzi im Hospital zu besuchen, den weiteren Ablauf bestimmte.

Der Konvoi fuhr etwa den halben Weg auf der gleichen Straße zurück, ohne dass irgendwelche Kontrollen erfolgten, lediglich ein Offizier bestieg zum Schutze des Ehepaares dessen Wagen.

Um zum Hospital zu gelangen, bog der Konvoi am Schiller-Eck links ab, musste aber, da es eine enge Linkskurve war, die Fahrt erheblich verlangsamen. Gerade dort hielt sich der letzte der Attentäter auf – Gavrilo Princip, ebenfalls 18jährig, mit einer Pistole bewaffnet. Er war für den Fall dorthin gestellt worden, dass die Bombenanschläge misslingen sollten. Der Wagen stand beim langsamen Abbiegen fast unmittelbar vor ihm, und Princip feuerte, ohne groß zu zielen, seine Waffe ab und traf den Erzherzog und dessen Gemahlin tödlich.[10]

Die tödlichen Schüsse von Sarajevo (Zeitgenössische Darstellung)

---

[10] nach: Bernd Sösemann: Die Bereitschaft zum Krieg, Sarajevo 1914; in: Das Attentat in der Geschichte, a. a. O., Seite 301 und 302

Ausgerechnet dieses Attentat, verübt von einer Handvoll wirklich unbedarfter junger Leute, zog wie kein anderes zuvor die schwerwiegendsten Konsequenzen nach sich, in einer – heute würde man sagen – globalen Dimension, da es von europäischen Großmächten für den von ihnen gewollten ersten Welt-Krieg benutzt wurde. Die Attentäter handelten aus nationalistischen Motiven; ihr Wille zum Attentat wie ihre Jugendlichkeit sind Beleg dafür, dass ihr Anschlag zu Recht als Tat von (naiven) Anarchisten in die Geschichte einging. Es war vielleicht das letzte Attentat eines wirklich spontanen Anarchismus. An dessen Stelle Schritt für Schritt ein organisierter Terrorismus trat.

Begünstigt wurde das Gelingen des Attentats von Sarajewo zudem noch durch eine unglaubliche Unfähigkeit der Verantwortlichen am Ort, honorigen Beamten, die nicht zuletzt durch ihren devoten Gehorsam gegenüber Majestäten weder Entschlusskraft noch Mut zu Entscheidungen besaßen – typische „Resultate" des allgegenwärtigen Untertanengeistes jener Epoche.

Von der IRA bis zu den „Roten Brigaden" – Europa im Zeichen des Terrorismus

1919 wurde die „Irish Republican Army", kurz IRA genannt, gegründet, die ihren Kampf für die Unabhängigkeit ganz Irlands von Großbritannien aufnahm, den sie führte, um das britische Nordirland zu befreien und für die irische Republik zurückzuerobern.

1959, noch unter der Diktatur Francos, entstand die „Euskadi Ta Askasatuna", auf deutsch „Baskenland und Freiheit", kurz ETA, die bis heute aktiv geblieben ist. Ihr Ziel war ein von der spanischen Zentralregierung unabhängiger baskischer Staat.

Zwischen beiden Gruppen bestehen einerseits Gemeinsamkeiten wie auch gewisse Unterschiede: Die IRA wie die ETA waren von Beginn an nationalistisch geprägte Bewegungen. Der Kampf der IRA wurde zusätzlich von einem religiös geprägten Konflikt verschärft, da Irlands Bevölkerung überwiegend katholisch war und ist, während Nordirlands Bevölkerung vorwiegend zur anglikanischen Kirche gehört(e).

Die ETA war in ihren Anfängen noch stark von den Traditionen des Anarchismus in Spanien geprägt, ihr Programm für ihren baskischen Staat wies deutlich linke Grundsätze auf, die angesichts des faschistischen Francoregimes die Konfrontation verschärften.

Das eigentliche „Dilemma" beider Organisationen bestand eindeutig darin, dass sich selbst ihre Führungskräfte völlig klar darüber waren, dass es keine legalen Möglichkeiten gab, ihre Ziele durchzusetzen.

In ihren Anfängen führte die **IRA** einen regelrechten Guerillakrieg, mit dem die Unabhängigkeit ganz Irlands erzwungen werden sollte.

Mit den zunehmenden Repressionen und Diskriminierungen gegenüber den in Nordirland lebenden Katholiken mit Beginn der 60er Jahre verschärfte sich der Kampf erneut, wurde härter und rücksichtsloser auch gegen die katholische Zivilbevölkerung Nordirlands geführt, terroristische

Gewalt wurde alltäglich, die sich nicht allein gegen die britischen Soldaten, die nach Nordirland abkommandiert worden waren, richtete. Die Zahl der Opfer stieg und eine Lösung schien nahezu unmöglich.

Die Eskalation der Gewalttätigkeit führte schließlich auch dazu, dass die britische Regierung zum „Staatsterrorismus" griff, der zum „Blutsonntag" von Londonderry führte, als britische Fallschirmjäger auf die Teilnehmer einer verbotenen Demonstration katholischer nordirischer Bürgerrechtler schossen. Die verheerende Bilanz an diesem Tag: 13 tote und 16 verwundete Demonstranten. Eine Lösung für den Konflikt schien endgültig ausgeschlossen…

Erst ein grundlegender Führungswechsel in der IRA machte dann doch den Weg frei für einen Frieden. Die irisch geprägte Führung der IRA zog sich zurück. An die Stelle der IRA trat eine neue, ausschließlich in Nordirland operierende neue Organisation, die „Sinn Féin", deren Führer Gerry Adams für eine Lösung eintrat, in der beide Seiten, sowohl die „Sinn Féin" als auch die von Polizei und Armee unterstützten paramiliärischen protestantischen Gruppen, ihren Krieg beendeten.

So kam es 1994 zum Abschluss eines Abkommens, „Karfreitagsabkommen" genannt, das – von beiden Seiten akzeptiert – Grundlage für die Beilegung des Konflikts wurde. 75 Jahre Krieg, Gewalt, bewaffnete Auseinandersetzungen zwischen Katholiken und Protestanten (in Nordirland) mit zahllosen Opfern gingen damit zu Ende. Am Status quo hatte sich nichts wirklich verändert. Viele Iren glauben aber auch heute daran, dass der Inselstaat eines Tages wieder als Ganzes entstehen wird.

In Spanien, wo Nationalismus und Autonomiebestrebungen unter den Basken die entscheidende Triebkräfte waren, löste sich die **ETA** von einem eher anarchistischen Selbstverständnis, da sie keine wirksame massenhafte Unterstützung erhielt, und ging zu einem radikalen bewaffneten Kampf über, der alle Merkmale terroristischen Handelns aufwies.

Der Anarchismus lehnt alle staatlichen Gesetze prinzipiell ab, kämpft aus seiner Sicht für die absolute Freiheit und völlige Unabhängigkeit des Einzelnen. Der Terrorismus verlässt nicht nur den Boden der Legalität, sondern „erhebt" sich über alle ethischen Grundlagen menschlicher Gemeinschaft. Alle Mittel der Gewalt bis zum Mord sind für ihn gerechtfertigt. Aus dem Untergrund der Illegalität suchen Terroristen nicht nur gezielt nach Opfern, die sie zu Schuldigen erklären und ermorden, ebenso wollen sie – als fanatische Nationalisten – Angst und Schrecken verbreiten, aus der Vorstellung heraus, dass damit die Regierenden und die Sicherheitskräfte unter Druck gesetzt werden können. Diese Selbstüberhebung und Fehleinschätzung führt letztlich dazu, dass nicht selten auch Personen, für deren Interessen die ETA vorgibt zu kämpfen, unter den Opfern der Terroranschläge sind. Am Anfang des ETA-Terrorismus stand ein Bombenattentat im Bahnhof von San Sebastián. Ein Kind kam ums Leben, mehrere Reisende wurden verletzt.

Am 20. September 1973 wurde der spanische Ministerpräsident Luis Carrero Blanco durch eine ferngezündete Bombe getötet.

Es soll hier nicht übersehen werden, dass das Franco-Regime mit allen Mitteln versuchte, einzelne „widerspenstige" Volksgruppen auf besondere Weise zu disziplinieren. So wurde den Katalanen, die als besonders aufrührerisch galten, verboten in ihrer Sprache zu sprechen, wie auch ihre Musik und ihre Tänze in der Öffentlichkeit zu zeigen...
Nach Francos Tod und mit der Entwicklung demokratischer Verhältnisse in Spanien, die – paradoxer Weise – vom spanischen König Juan Carlos, den Franco selbst aus dem Exil zurückgeholt hatte, maßgeblich gefördert und auch geschützt wurden, brachte eine Verfassungsreform auch den Basken die erhoffte Autonomie im Rahmen des spanischen Staates. Nur der ETA reichte das nicht aus und so verschärfte sie ihre terroristischen Aktionen, denen immer wieder unschuldige Menschen zum Opfer fielen.

Eine Zeitlang gingen die spanischen Sicherheitskräfte mit illegalen Methoden, wie sie in den Diktaturen Südamerikas üblich waren, gegen ETA-Aktivisten vor, die von „Sonderkommandos" ermordet wurden.

Die ETA versuchte nun, neben Bombenattentaten mit Entführungen prominenter Politiker noch mehr Druck auszuüben. Die Konsequenz: immer mehr Menschen, die die ETA eigentlich in einem baskischen Staat vereinen wollte, begannen sich im Massenprotest mit Entschiedenheit gegen die ETA zu stellen. Aus der ETA war damit endgültig eine Organisation von Terroristen geworden, die ihren Terror nur noch als Selbstzweck betrieben…

Mit der **RAF** und den „**Roten Brigaden**" in Italien entstanden Ende der 60er und Anfang der 70er Jahre zwei „Vereinigungen", die zahlreiche Parallelen aufwiesen.

Die 60er Jahre waren geprägt vom Widerstand vor allem der Studenten und Intellektuellen gegen Konservatismus, Indoktrination und Geschichtslosigkeit und nicht zuletzt gegen den Vietnamkrieg der USA. Ein Widerstand, der die Öffentlichkeit wollte, der sich in Demonstrationen, Streiks an den Universitäten und massiver Kritik an den bestehenden Verhältnissen artikulierte. Insbesondere in Frankreich, wo ein Bündnis von Intellektuellen, Studenten und Arbeitern entstand, kam es zu Massenstreiks, und zu Zeiten der extremen Zuspitzung der Konfrontation zu regelrechten Straßenschlachten mit der Polizei. Mit dem Ende der Revolte, die den französischen Staat durchaus nachhaltig veränderte, behauptete sich letztlich eine rationale Sicht, die vorerst den Weg in die veränderte Realität beschritt.

Gänzlich anders verlief die weitere Entwicklung in der Bundesrepublik Deutschland und in Italien.

Der studentische Aufstand besaß nicht mehr die Kraft seines Anfangs, als der Besuch des Schahs von Persien als Verhöhnung der Demokratie gesehen wurde, der die Studenten mit massiven Protesten begegneten. Die Berliner Polizei reagierte mit äußerster Härte, die ein Todesopfer forderte, als ein Polizist den Studenten Benno Ohnesorg erschoss. Sie ließ auch zu, dass iranische Geheimpolizisten mit schweren Holzlatten auf die Demonstranten einprügelten. Über Monate zog sich der studentische Protest gegen Notstandsgesetze, Vietnamkrieg und akademische Erstarrung hin, der die Bundesrepublik Deutschland in der Folgezeit maßgeblich veränderte.

Zumal 1968 mit der Wahl des Sozialdemokraten Willy Brandt zum Bundeskanzler grundlegende Wandlungen in Innen- und Außenpolitik eingeleitet wurden, die allerdings nicht auf generelle Zustimmung der studentischen Protestbewegung trafen, auch wenn sie – eigentlich erst ab diesem Zeitpunkt – die BRD zu einem modernen Staat machten.

Denjenigen, die am Protest festhielten, ging immer mehr die ursprüngliche Basis verloren. Eine der herausragenden Persönlichkeiten des Protestes, Rudi Dutschke, war Opfer eines Anschlags geworden. Gerade Rudi Dutschke war alles andere als ein Verfechter von Gewalt, was aber bei ihm nicht ausschloss, sich gegen staatliche Gewalt zu wehren…

Die vor allem in Berlin bestehenden Gruppierungen suchten nach anderen, wirkungsvollen Aktionen. Als sich Andreas Baader und Gudrun Ensslin entschieden, nach Frankfurt/Main zu fahren, um nächtens ein Kaufhaus in Brand zu setzen, gaben sie dem noch aktiven Widerstand eine Richtung, die sehr schnell die Ebene der Legalität verließ. Nach ihrer Verhaftung und Verurteilung folgte ihre gewaltsame Befreiung mit dem ersten Toten. Und der Weg in die Illegalität. An die Stelle von Ulrike Meinhoff, einer Theoretikerin des Widerstandes, trat ein Andreas Baader, ein Mann ohne ernsthafte politische Ziele, aber gewaltbereit, dem sich der engere Kreis derer, die die „Rote Armee Fraktion", RAF, gründeten, unterordnete.
Diese Gruppe, die erste Generation der RAF, sah keinen Weg zurück, wollte ihn wohl auch nicht. Erstaunlich schnell fanden sie sich in der

Realität eines illegalen Lebens zurecht und sahen im bewaffneten Kampf – als terroristischem Krieg gegen das System – den einzig möglichen Weg.[*]

Als diese erste Generation 1972 verhaftet und verurteilt wurde und im Zuchthaus Stammheim saß, organisierte sich eine zweite Generation der RAF, die unter dem Kommando von Baader und Ensslin agierte. Unter ihnen Brigitte Mohnhaupt, Christian Klar, Susanne Albrecht, Adelheid Schulz und Jürgen Boock.

In einer der ersten großen „Aktionen" wurde 1975 der Berliner CDU Politiker Peter Lorenz entführt. Zum ersten und einzigen Mal ging die Bundesregierung auf die Forderungen der Entführer ein, inhaftierte RAF-Häftlinge freizulassen, darunter auch Verena Becker (sie wurde zu einer Schlüsselfigur im Bezug auf (Nicht)Aufklärung der Anschläge, die bis Anfang der 90er durchgeführt wurden. Peter Lorenz kam darauf tatsächlich frei.

Nach der Geiselnahme der bundesdeutschen Botschaft in Stockholm 1975 forderten die Attentäter die Freilassung der in Stammheim inhaftierten führenden Terroristen.

Nicht zuletzt unter dem Druck der Forderungen von Baader und Ensslin verbanden sie mit dieser Aktion, die viele Todesopfer forderte, offenkundig eine neue und für sie nun die wichtigste Aufgabe: die Befreiung der in Stammheim Inhaftierten mit allen Mitteln.

Opfer von Anschlägen, die kaltblütig auf offener Straße ausgeführt wurden, wurden der Generalstaatsanwalt Siegfried Buback und seine Begleitung (7.4.1977), der Bankier Jürgen Ponto, der am 30.7.1977 dem Mordkommando nichtsahnend die Tür öffnete, da die Terroristin Susanne Albrecht zum Bekanntenkreis der Familie gehörte.

Bei der Entführung des Präsidenten des Bundesverbandes der Arbeitgeber, Martin Schleyer, wurde dessen Freilassung von der Entlassung von Baader,

---

[*] In seinem wichtigsten Buch „Der Baader Meinhof Komplex" hat Stefan Aust die Entwicklung der RAF umfassend dokumentiert und analysiert.

Ensslin u. d. a. aus der Haft abhängig gemacht und mit der unmissverständlichen Drohung verknüpft, Schleyer zu ermorden.

Die Situation spitzte sich in dramatischer Weise noch weiter zu, als ein palästinensisches Terrorkommando am 13. Oktober 1977 die Lufthansamaschine „Landshut" (mit 90 Personen an Bord) in seine Gewalt brachte, es nach Mogadischu fliegen ließ und ebenfalls die Freilassung der RAF-Häftlinge forderte.

Bundeskanzler Helmut Schmidt, und der „Großen Krisenstab" entschieden sich dafür, um keinen Preis nachzugeben; der Staat durfte nicht erpressbar werden.

Das damit verbundene Risiko war ungeheuer groß. Die gelungene Befreiung der Geiseln auf dem Flugplatz Mogadischu durch die GSG 9 grenzte an ein Wunder; im Grunde genommen war wahrscheinlich die „Notlüge" des Sonderbeauftragten Wischnewski die Rettung, der den immer ungeduldiger werdenden Terroristen mitteilte, die RAF-Häftlinge seien auf dem Weg nach Mogadischu. So verhinderte er die Katastrophe – die Terroristen entschärften die angebrachten Sprengsätze.

Wenige Stunden später waren die Häftlinge im Hochsicherheitstrakt von Stammheim tot. Dass sie sich selbst umbrachten, ist bis heute die offizielle Version, die insofern ihre Berechtigung hat, als Andreas Baader zugetraut werden kann, dass er auch einen solchen „Befehl" durchsetzen konnte.

Die der zweiten Generation zugerechneten Terroristen wurden – bis auf die Gruppe der „Aussteiger", die in die DDR gingen, vom Staatssicherheitsdienst eine neue Identität erhielten und in ein normales Leben zurückfanden, bis sie 1990 enttarnt und verurteilt wurden – gefasst und verurteilt...

Über der so genannten dritten Generation liegt noch immer der Schatten der Ungewissheit. Nur wenige Mitglieder wurden enttarnt und verurteilt, obwohl sie ab 1985 über sechs Jahre hin systematisch und mit kaltblütiger Professionalität ihre Opfer auswählten und ermordeten. Es waren hochrangige Industrie- und Finanzmanager, die starben – Ernst Zimmermann, Chef des Rüstungskonzerns MTU, der Siemensmanager Karl Heinz

Beckurts, der Chef der Deutschen Bank, Alfred Herrhausen, der am 30.11. 89 mit einer Bombe ermordet wurde. Am 1. April 1991 wurde Detlev Karsten Rohwedder, neu ernannter Präsident der Treuhandanstalt, die für die „Abwicklung" der Betriebe und zur Verwaltung des DDR-Vermögens usw. geschaffen worden war, in seinem Haus erschossen. Kaum einer dieser Morde wurde bislang aufgeklärt. Bis heute ist offen geblieben, ob diese dritte Generation überhaupt noch der RAF zugerechnet werden kann, wie sie entstand, wer alles dabei „seine Hände im Spiel" hatte, warum es – nach den Erfahrungen mit der RAF – nicht möglich war, Anschläge zu verhindern usw. usf.

So gibt es auch noch im Jahr 2010 sehr weit gehende Fragen:
„Die Aufklärungsquote für Mord beträgt in Deutschland fast 100%. Wie kann es dann sein, dass noch immer eine halbes Dutzend Morde der Terrororganisation RAF unaufgeklärt sind? (…) Wer erschoss 1977 den Arbeitgeberpräsidenten Hanns Martin Schleyer? Wer ermordete 1991 den mit der Auflösung der ostdeutschen Betriebe beauftragten Treuhand-Chef Detlev Karsten Rohwedder? Wer den Deutsche-Bank-Sprecher Alfred Herrhausen? (…) Alle Täterspuren laufen ins Leere. Niemand weiß, wie viele Terroristen der ‚dritten RAF-Generation' angehörten. Sie gingen extrem vorsichtig vor. (…)

Auffällig ist, dass Rohwedder ebenso wie Herrhausen Querdenker unter den Top-Managern der Bundesrepublik war. Beide waren keine radikalen Kapitalisten, an denen sich die Wut linkspolitischer Terroristen hätte entzünden können. Im Gegenteil: Der eine wehrte sich gegen das Verschleudern angeblich maroder Ostbetriebe, wollte Tausende Arbeitsplätze retten. Der andere setzte sich für eine Entschuldung der Dritten Welt ein. Auffällig ist auch die Professionalität der Anschläge. Die Attentate zeugen von einem ‚militärtechnischen Hintergrund', sagt ein Experte. ‚Niemand fragte öffentlich, ob es eine unbekannte RAF-Generation überhaupt gegeben hat'."[11]

Die Zweifel daran, dass hier alles rechtens zugegangen sei, erhielten besonders durch einen Vorgang neue Argumente. Die der Beteiligung an der Ermordung des Generalbundesanwalts Buback beschuldigte Verena Becker war Informantin des Bundesnachrichtendienstes. Welche Informationen benutzte der BND und welche nicht? Warum wurde die Informantin nicht so geführt, dass Anschläge verhindert wurden? Hätte der BND auf Grund dieser Informationsmöglichkeiten die Terroristen nicht früher verhaften können? Es herrscht eisernes Schweigen, wo Aufklärung auch deshalb erforderlich wäre, weil in Italien nachgewiesen wurde, dass zwischen Aktivitäten der „Roten Brigaden", der Loge P2 und Geheimdienstkreisen wahrscheinlich jahrelang eine Verbindung bestanden hat.

„**Die Roten Brigaden**" (Brigate Rosse) entstanden unter den gleichen Voraussetzungen wie etwa in Frankreich und der Bundesrepublik – dem studentischen Widerstand von 1968. Wie in Frankreich kam es zum gemeinsamen Protest der Studenten und der Arbeiter, d. h. der drei großen Gewerkschaften. Im „Heißen Herbst" von 1969, als Millionen Arbeiter streikten, sahen sich Wirtschaft und Politik gezwungen, Forderungen nach beträchtlichen Lohnerhöhungen zu erfüllen. Warum die „Roten Brigaden" als radikal linke Bewegung in den Untergrund gingen und ihren Kampf als selbsternannte „Stadtguerilla" außerhalb der Legalität begannen, der zum Terror führen musste, hatte in Italien einen besonderen politischen Hintergrund. Im Unterschied zur BRD gab es in Italien eine traditionell starke Kommunistische Partei (Partito Comunista Italiano). Nach dem Einmarsch der Staaten des Warschauer Paktes am 20. August 1968 in die

---

[11] Holger Diedrich in: Welt der Wunder, Ausgabe 2/2010, Seite 50; auf der gleichen Seite findet sich der Hinweis, dass die für das Attentat auf Herrhausen benutzte Bombe höchste Anforderungen an die technische Professionalität gestellt habe, also keinesfalls mit den häufig selbstgebauten Sprengsätzen vergleichbar sei.

ČSSR und dem Ende des „Prager Frühlings" begann vor allem in der italienischen und der spanischen Kommunistischen Partei ein prinzipielles Umdenken. Die Parteiführungen kritisierten die Zerschlagung der tschechoslowakischen Reformbewegung mit Waffengewalt ungewöhnlich deutlich und orientierten sich auf eine neue Eigenständigkeit, d. h. sie verweigerten sich dem Führungsanspruch der Moskauer KPdSU.

Von Spanien ausgehend, wurde die politische Programmatik grundlegend verändert. Mit dem „Eurokommunismus" wurde eine Strategie entwickelt, die davon bestimmt war, dass eine Veränderung der Gesellschaft durch eine proletarische Revolution, wie es einst von Marx und Lenin gesehen und versucht wurde, unmöglich geworden sei. Dementsprechend sahen die Kommunistischen Parteien ihre wichtigste Aufgabe darin, die gesellschaftliche Entwicklung über das Parlament bzw. in der Regierungsverantwortung zu gestalten...

In Italien führte das zum „Historischen Kompromiss" von 1973, der unter Führung von Enrico Berlinguer, Sekretär der PCI, ausgearbeitet und beschlossen wurde. Darin erklärte sich die PCI bereit, im Interesse der Demokratie mit den anderen Parteien im italienischen Parlament (der Democrazia Cristiana oder der Partito Socialista Italiano) zusammenzuarbeiten.

In dem Christdemokraten Aldo Moro fanden sie einen wichtigen bürgerlichen Politiker, der ihnen weit entgegenkam. Ein erster praktischer Schritt der PCI war die Tolerierung des Minderheitskabinetts unter dem christdemokratischen Ministerpräsidenten Andreotti 1978.

Eine Voraussetzung dafür, dass diese Regierung in einer schwierigen politischen Lage handlungsfähig blieb.

Dass die „Roten Brigaden" im krassen Gegensatz zu dieser politischen Neuorientierung standen, war zwangsläufig, sahen sie in ihrem Kampf als „Stadtguerilleros" in einem radikalen Angriff auf den Staat den einzig richtigen Weg... Dass es im Italien der Mafia, der Korruption sowie einer mächtigen Schattenregierung, der Loge P2*, zu einer obskuren, undurch-

---

* Die so genannte Loge P2 (Propaganda Due) entstand in den 70er Jahren als ein geheimer Zusammen-

schaubaren Verknüpfung von linkem und rechtem Terror kam, macht die immensen politischen Konflikte und Probleme dieser Zeit in vielschichtiger Weise nachhaltig deutlich.

Letztlich stellte sich im Lauf der Zeit heraus, dass kaum ein führender italienischer Politiker nicht Teil dieses „Netzwerks" von Korruption, Zusammenarbeit mit der Mafia, Missbrauch der Geheimdienste usw. war, auch ein Andreotti, lange Jahre hoch angesehen, saß später auf der Anklagebank.

Das bis vor kurzem noch aktuelle „System Berlusconi" ist ergo alles andere als neu, schließlich waren diese Jahre seine Lehrzeit und der Beginn seines Aufstieges. Der wesentliche Unterschied zu damals besteht lediglich darin, dass es Berlusconi nicht mehr der „Mühe" wert war, ein Geheimnis daraus zu machen.

Geradezu symptomatisch für die skizzierte Verknüpfung ist ein Sprengstoffanschlag zu einem Zeitpunkt, als die „Roten Brigaden" noch nicht gegründet worden waren. Die Detonation einer Bombe am 12. Dezember 1969 tötete in Mailand 16 Passanten und verletzte 88. Die Schuldigen waren natürlich die Linken.

Die wahren Täter kamen aus dem italienischen Geheimdienst, der in der Folgezeit an seiner Strategie festhielt, die Spannungen mit Bombenanschlägen, an denen auch rechtsradikale Kräfte beteiligt waren, zu verschärfen...

---

schluss unter Führung von Licio Gelli. Sie entwickelte sich zu einem mächtigen konspirativen Netzwerk, in dem rechtsorientierte Vertreter von Politik, Unternehmer, Mafia, Geheimdienste politische Entscheidungen nachhaltig beeinflussten und steuerten. Angesichts der Stärke der linken Kräfte wurde ein vorbeugender Staatsstreich Teil ihres Programms. Die Loge P2 war zumindest indirekt am rechten „Staatsterrorismus" beteiligt und dürfte in der „Affäre" Moro im Sine einer Ausschaltung des unbequemen Politikers erheblich Einfluss genommen haben. 1982 wurde die P2 verboten und aufgelöst. Auch nach der Jahrtausendwende ist die Tätigkeit der Loge Gegenstand juristischer und publizistischer Untersuchungen. Berlusconi war – damals noch jung und unbekannt – einer der Protegés von Licio Gelli.

Die linke terroristische Szene schlug erwartungsgemäß zurück und in Italien herrschte ein Zustand permanenter Bedrohung der öffentlichen Sicherheit, der ausschließlich den Gegnern der Demokratie in Politik und Wirtschaft, im Staatsapparat und Sicherheitskräften willkommen war.

Den „Roten Brigaden" werden in den Jahren 1970 bis 88 neben 73 Mordanschlägen auch eine Reihe von Banküberfällen (im Unterschied zum Geheimdienst „mussten" sie sich das notwendige Kapital für den Terrorismus selbst verschaffen) und zahlreiche Entführungen zugeschrieben.

Gezielt wurden beispielsweise Staatsanwälte entführt oder ermordet. Eine Methode, die eigentlich zum „Alltag" der Mafia gehört.

Die Statistik des linken illegalen Kampfes weist über tausend terroristische Aktionen auf und forderte 97 Menschenleben.

(Eine Offenlegung der Bilanz des italienischen Staatsterrorismus wird es in absehbarer Zeit nicht geben, wenn sie denn überhaupt jemals öffentlich werden sollte.)

Auf geradezu perfide Weise zeigt die Entführung und Ermordung des italienischen Ministerpräsidenten Aldo Moro die Verknüpfung von linkem Terrorismus und rechten Machtgruppierungen, die sowohl als Geheimgesellschaften – an der Spitze die Loge P2 – organisiert als auch als Vertreter rechtsgerichteter Parteipolitik und im Staatapparat und bei den Sicherheitskräften existent und wirksam waren. Aldo Moro war einer der ganz wenigen Spitzenpolitiker, die weder korrupt waren noch Kontakt zur Mafia hatten – schon deshalb hatte er selbst in der eigenen Partei der Democrazia Cristiana einflussreiche Gegner, die in Moro lediglich einen Mann sahen, der für das Erscheinungsbild ihrer Partei von Nutzen war. Als Aldo Moro allerdings das Angebot der Kommunisten zur Mitarbeit im Sinne der Demokratie begrüßte, war er – soviel dürfte sicher sein – nicht mehr nur ein Mann, den man für bestimmte Aufgaben gut brauchen konnte, sondern eine Gefahr für die rechten Planspiele gegen die Demokratie.

Wenn man davon ausgeht, dass die rechten Parteien und Gruppierungen in kritischen politischen Situationen oder gesellschaftspolitischen Krisen sich dafür entscheiden, einem integren Politiker die Macht zu „übergeben", geschieht das mit etwa folgender Zielsetzung: Sie brauchen für eine gewisse Zeit einen solchen Mann, da er mit seiner Politik am besten dafür geeignet ist, die jeweilige kritische Phase zu überwinden. Dieser Mann in Italien war Aldo Moro.

Auch in der Bundesrepublik Deutschland sah selbst die „Mitte" in Willy Brandt* den Mann, der als Persönlichkeit genau derjenige war, der für die politischen Veränderungen stand, die das Land dringend brauchte, um die gesellschaftspolitischen Krise beenden zu können. Der grundlegende Unterschied zwischen Moro und Brandt bestand darin, dass Moro Mitglied der rechtsgerichteten „Democrazia Cristiana" war und Brandt Sozialdemokrat, also seine Partei in vielen Fragen mehrheitlich hinter sich wusste.

Als Aldo Moro die Annäherung an die Partido Comunista Italiano nach dem „Historischen Kompromiss" der kommunistischen Führung, den Moro im Sinne gemeinsamen Handelns für ein demokratisches Italien und zur Bewältigung der politischen und wirtschaftlichen Krise nutzen wollte, überschritt er zweifellos Grenzen, man kann auch sagen, er ignorierte Tabus der politischen Positionen der „Democrazia Cristiana".

Als Aldo Moro am 16. März 1978 von einem Kommando der „Roten Brigaden" entführt wurde, die ihn 55 Tage in Geiselhaft hielten, gab es keinen ernsthaften Versuch, Moro zu befreien oder die Bedingungen der Geiselnehmer zu erfüllen. Schon bald kam der Verdacht auf, dass die Führung der „Democrazia Cristiana" absolut kein Interesse an einer Freilassung Moros hatte, dass die Entführer sehr wahrscheinlich in gewisser Weise von Seiten des Geheimdienstes Unterstützung gefunden hatten. Als sehr wahrscheinlich galt, dass dieser sogar direkt beteiligt gewesen war, dass Moro als Entführungsopfer ausgewählt wurde (das war mit „eingeschleusten" Informanten in den Führungsstrukturen der „Roten

---

* Dass Willy Brandt als Bundeskanzler nicht nur „mehr Demokratie wagen" wollte, sondern eine neue Ostpolitik „Wandel durch Annäherung" durchsetzte, dürfte ihm nicht nur Freunde eingebracht haben. Jahrelang bekämpften CDU und CSU und andere rechte Gruppierungen diese Politik mit allen Mitteln.

Brigaden", die es mit Sicherheit gab, relativ leicht zu erreichen.) Als Ministerpräsident hätte Moro eigentlich so gut geschützt sein müssen, dass eine Entführung keine wirklich Chance auf Erfolg hätte haben dürfen.

Naturgemäß gab es einen Krisenstab, in dem offenkundig Männer saßen, die in Moro vor allem eine Gefahr sahen, weil er zur Zusammenarbeit mit den Kommunisten bereit war, anstatt sich um ernsthaft um Moros Überleben zu sorgen. Die Bitten Moros in den üblichen Fotos oder Videobotschaften blieben unbeachtet. Moro selbst muss letztlich erkannt haben, dass seine „Parteifreunde" ihn im Stich lassen würden.

Aldo Moro während seiner 55tägigen Geiselhaft

Am 8. Mai wurde der Leichnam Moros im Kofferraum eines Autos gefunden. Todesschütze war der Terrorist Mario Monetti. Ein toter Moro war im terroristisch geprägten Italien von doppeltem Nutzen. Ein Zusammengehen mit den Kommunisten würde es nun nicht mehr geben und der „Staatsterror" erhielt eine zusätzliche Legitimation.

Dass Politik auch ein zynisches Geschäft ist, dürfte niemanden mehr überraschen. Den politischen Zynismus im Fall Aldo Moro kann man mit voller Berechtigung als ungeheuerlich bezeichnen.

Vom politischen zum käuflichen Terrorismus

Dass der linke Terrorismus auch von der Politik instrumentalisiert wurde – daran besteht wohl kaum ein Zweifel. Mit „Carlos", dem angeblich meist gejagten Terroristen, tritt an die Stelle der instrumentalisierten Terrorgruppen der bezahlte Auftrags-Terrorist. Doch die Bezeichnung „Terrorist" ist unzutreffend, denn „Carlos" und seine Gruppe waren nichts anderes als „Auftragskiller". Insofern gehört er nicht in die Nähe etwa der IRA, der ETA oder der RAF u. a.

Deshalb sei hier nur kurz skizziert, wofür „Carlos" und seine Gruppe standen. Mehr Aufmerksamkeit hat er nicht verdient. Bekannt und berüchtigt wurde der Venezoelaner, der sich „Carlos" nannte, als er 1975 während eines Treffens der OPEC-Führer das OPEC-Hauptquartier in Wien überfiel. Drei Todesopfer und 60 Geiseln in der Hand der Gruppe waren das „Ergebnis", die Geiseln wurden später freigelassen und die Gruppe erhielt in Algerien Asyl. Als sein erster Auftraggeber, die „Volksfront zur Befreiung Palästinas" (PFLP) die Zusammenarbeit beendete, da er ihren Auftrag, zwei Ölminister zu töten, nicht erfüllt und wohl auch Teile des Lösegelds für die Geiseln unterschlagen hatte, gründete er eine eigene Organisation, die er „Arm of the Arab Revolution" (OAAS) nannte. Deren Mitglieder kamen aus Syrien, dem Libanon und Deutschland. „Carlos" unterhielt Kontakte zu verschiedenen Geheimdiensten – darunter zum Staatssicherheitsdienst der DDR und der rumänischen „Securitate". Das erklärt – aber nur teilweise –, warum er so lange unbehelligt blieb. Nach Bombenanschlägen in Frankreich im Jahre 1982 wurde er dann doch zu einer „Persona non grata", aber immer wieder fand er – wenn auch meist nur zeitweise – Unterschlupf, wie in Ungarn, Syrien, Jordanien, wo er dann immer aufs Neue ausgewiesen, aber nie festgenommen wurde. Schließlich ging er in den Sudan.

Zu seinen Geldgebern gehörten Gaddafi und Habash, später stellte Libyen seine Unterstützung ein…

Geiselnehmer, Flugzeugentführer und Selbstmordattentäter
Der islamisch-fundamentalistische Terrorismus

Vor der Betrachtung von Phänomenologie, Wesen und Entwicklung des islamischen Terrorismus soll an die Geschichte der Entstehung des Islam erinnert werden.

Aus dem jüdischen Glauben bildeten sich die beiden monotheistischen Religionen – das Christentum und der Islam – heraus, jedoch entstand der Islam gut 500 Jahre später als das Christentum.

In der arabischen Welt dominierten in jenem Jahrhundert kriegerische Konflikte zwischen den Stammesverbänden, die sich immer aufs Neue in größere und kleine Kämpfe verwickelten. Wie immer ging es auch hier um mehr Macht und um die Eroberung ertragreicher Gebiete…

Mohammed, geboren 571 n. Chr. in Mekka, war ein solcher macht-bewusster Fürst. Ob ihm nun wirklich vorschwebte, ein neues Reich der Araber zu schaffen, bleibt im Ungewissen. Zweifellos aber erkannte er, dass er eine Art Legitimation gut gebrauchen könnte, um seinen Machtanspruch zu begründen. Er kannte sowohl die jüdische als auch die christliche Religion, und er nutzte diese Kenntnisse, um seine Vorstellungen von einer neuen eigenständigen Religion zu formulieren, in der es nur einen Gott, Allah, gab, und er, Mohammed, sein Prophet war.

Ergo: vor der Religionsfindung standen die kriegerischen Konflikte der Stämme und die Absicht Mohammeds, mit Kriegen sein Reich zu vergrößern. Damit war der Islam von Anbeginn an eine Religion, die Eroberungen – im Namen des wahren Glaubens – begründete. Sie war und blieb deshalb immer auch militant, fokussierte sich aber in der Folgezeit immer stärker auf die so genannten „Ungläubigen". Schon in dieser Zeit gehörten Fasten, Gebete, Wallfahrten zu den Pflichten jedes Muslims; ein Mann durfte mehrere Frauen haben und herrschte uneingeschränkt über seine Familie. Eine herausragende Bedeutung fiel in dieser Glaubensvorstellung dem Paradies zu. Und nichts verdeutlicht mehr, welch hohen Wert der Krieg, der Kampf um den wahren Glauben besaß: Jedem Kämpfer, der auf dem Schlachtfeld starb, verhieß der Islam den Einzug ins Paradies, wo er von schönen Frauen (den Huris) empfangen wurde und nur das Schönste auf ihn wartete. Krieger, die die tödliche Wunde am Rücken hatten, wurden dieser Gnade nicht teilhaftig, da sie aus dem Kampf geflohen waren. (Eine miltär-strategische Instrumentalierung des Glaubens, denn damit führte die Flucht vom Schlachtfeld nicht nur zum Verlust der Ehre, sondern ebenso zum Verlust der Wonnen des Paradieses.)

Nach langen Jahren des Kampfes, die Mohammed nicht immer als Sieger sahen – 622 musste er von Mekka nach Medina fliehen (diese Flucht wird Hedschra genannt), was die spätere herausragende religiöse Bedeutung beider Städte begründete. Durch die von Mohammed befohlene Reinigung der Kasba von islamfremden Götzenbildern wurde diese zum einzigartigen Ziel der jährlichen islamischen Wallfahrten.
Als Mohammed 632 stirbt, ist ihm Arabien untertan…

Zwischen 632 und 634 entsteht der Koran mit seinen 134 Suren, der sich auch auf Glaubensvorstellungen, die dem „Alten Testament" entnommen wurden, stützt. Auch Jesus findet unter dem Namen Issa als Prophet seinen Platz im Islam.
Mit dem Koran beginnt – wie so oft bei religiösen oder politischen Programmen – eine Trennung der islamischen Gemeinschaft: in diesem Fall sind es auf der einen Seite die Schiiten, anfänglich im Inneren Vorderasiens beheimatet, und auf der anderen Seite die Sunniten, die vorerst im anatolischen Raum zu finden sind.
(Die jüngste Geschichte lieferte ausreichend Belege dafür, wie tief der Graben zwischen beiden Reliogionsgruppen ist, wie unveränderlich Feindschaft und Hass das Verhältnis prägen – besonders erschreckend zu beobachten im Irak in der Zeit der Besetzung und der Führungslosigkeit.)

Als die Palästinenser-Organisation PLO zum Terrorismus überging, der aus ihrer damaligen Sicht die einzig verbliebene Möglichkeit war, sich gegen die militärische Überlegenheit Israels zu wehren, gewann der islamische Fundamentalismus stetig an Einfluss. Im Laufe der Jahre – bedingt nicht zuletzt auch durch die militante Politik der USA gegenüber islamischen Staaten – dominierte er in immer stärkerem Maße den verdeckten Krieg gegen alle Staaten, die als Feinde des Islams bestimmt wurden. Da eine militärische Konfrontation keine Aussicht auf Erfolg hatte, wurde ein gnadenloser Terrorismus, gestützt durch eine religiöse

Argumentation, zur höchsten und ehrenvollsten Aufgabe der Gläubigen im Kampf gegen alle Gegner des Islam, gegen die „Ungläubigen", ausgerufen. Wer sein Leben opferte, um „Ungläubige" zu töten, war nun – ganz gleich, wen er umbrachte – der höchsten Gnade würdig, ihm standen die Tore des Paradieses offen...

Als am 14. Mai 1948 der Staat Israel gegründet wurde, war das für seine arabischen Nachbarstaaten Grund genug, ihn umgehend wieder vernichten zu wollen. Von drei Seiten erfolgt der Angriff ihrer Armeen, in denen ägyptische, irakische, syrische, libanesische und jordanische Einheiten sowie die Arabische Legion kämpfen. Die israelische Armee schlug diese Angriffe zurück, obwohl sie kräftemäßig unterlegen war.

Die schwerwiegendste Folge dieses Überfalls war die Ausweisung der in Israel lebenden Palästinenser, die seit dieser Zeit – als eine Art „Faustpfand" der arabischen Welt – heimatlos bleiben mussten. Weitere Kriege folgten – 1956, 1968, 1973 –, doch die erklärte Absicht der arabischen Staaten, Israel zu vernichten, scheiterte an der inzwischen hochgerüsteten israelischen Armee...

Mit den Niederlagen wurden die Hoffnungen der in Lagern lebenden Palästinenser auf Heimat immer illusorischer; trotzdem begannen sie sich eine Organisation zu schaffen, die den Kampf um ihre Rechte gegen Israel führen sollte – die PLO, ab 1969 unter Führung von Jassir Arafat. Der Kampf um die Rechte der Palästinenser, den die PLO unter Jassir Arafat führte, mutierte – da sie militärisch allein viel zu schwach war – zum Terrorismus.

1972 – in München fanden die Olympischen Sommerspiele statt – überfiel ein achtköpfiges Kommando, das sich „Schwarzer September" nannte, das Quartier der israelischen Sportler, zwei von ihnen wurden sofort ermordet; nachdem die Terroristen durchgesetzt hatten, mit ihren Geiseln ausgeflogen zu werden, endete ein Befreiungsversuch der Polizei in einem Blutbad, in dem die neun Geiseln und fünf der Terroristen starben. Die drei Überlebenden wurden später vom israelischen Geheimdienst Mossad gejagt und liquidiert.

Der Terrorismus der PLO und aller nachfolgenden Organisationen bis „Al Quaida" oder der Taleban war von Beginn an davon geprägt, dass ihm stets auch viele Menschen zum Opfer fielen, die sich weder politisch noch militärisch in irgendeiner Weise in exponierten Positionen befanden. So genannte „Attentäter" ermordeten wahllos Menschen, die sich letztlich zufällig an dem Ort des Attentates aufgehalten hatten. Dieser Terrorismus wurde vom Hass auf Israel, die USA und die anderen westlichen Staaten, die an der Seite Israels standen, getragen und entwickelte sich nur in eine Richtung – er wurde immer rücksichtsloser, brutaler und blutiger. Seine fundamentalistische Ausrichtung wurde durch religiöse Führer bestimmt.

Terroranschläge wie das Sprengstoffattentat auf ein Passagierflugzeug, das über dem britischen Städtchen Lockerbie explodierte und 259 Flugzeuginsassen und 11 Bewohnern das Leben kostete, der 11. September 2001*, als zwei Flugzeuge von Terroristen in das World Trade Center in New York und ein weiteres ins Pentagon gesteuert wurden, und die Opfer der von islamistischen Terroristen mit Bomben zerstörten Züge am Madrider Bahnhof – hier starben 191 Menschen, über 2000 wurden verletzt – sind die schlimmsten Zeugnisse eines Terrorismus, der wahllos Menschen ermordet, der um jeden Preis als Bedrohung präsent sein will.

Die Achtung vor dem Leben gilt diesem Terrorismus nichts, auch nicht bei den eigenen Anhängern: Die so genannten „Selbstmordattentäter", meist junge indoktrinierte Araber, die sich belebte Straßen oder Plätze suchen und ihre Sprenggürtel zünden, um möglichst viele Menschenleben zu zerstören, sollten nicht mit dem Begriff „Attentäter" auch noch erhöht werden. Sie sind nichts anderes als die heimtückischsten aller Mörder. Ein Attentäter hat ein Motiv und ein Ziel, natürlich bleibt auch das ein Mord, aber wahlloser Mord an Frauen und Kindern, die bei solchen Terroranschlägen fast immer betroffen sind, ist das wohl verabscheuungswürdigste

---

* Auch zehn Jahre nach diesem verheerenden Anschlag sind – was nicht wirklich überraschend ist – viele gravierende Fragen – vor allem die, ob der Anschlag nicht hätte verhindert werden können – noch längst nicht eindeutig beantwortet. Dazu: Mathias Bröckers und Christian C. Walther: 11.9., Zehn Jahre danach; Der Einsturz des Lügengebäudes; Westend Verlag, 2011, u. a.

Verbrechen – sogar wenn man bedenkt, dass die Täter auch „Opfer" in dem Sinne sind, dass die wahren Verbrecher sie oft von klein auf indoktriniert haben, während sie selbst sich an geheim gehaltenen Orten verbergen, wo sie sich vor allem sicher fühlen.

Wenn diese Drahtzieher des Terrors ihren Todesboten auch noch suggerieren, dass ihnen als Lohn ihrer selbstmörderischen Tat das Paradies offensteht, so ist das im Grunde genommen blanke Missachtung gegenüber der eigenen „Heiligen Schrift", dem Koran. Dort wird mit den Wonnen des Paradieses belohnt, wer im offenen Kampf Mann gegen Mann, Auge in Auge mit dem Gegner den Tod findet. Und nicht etwa jener, der heimtückisch, hinterrücks wehrlose Frauen und Kinder mordet…

Es darf nicht unerwähnt bleiben, dass weder die USA noch Israel nach Wegen gesucht haben, die möglicherweise den Terrorismus zurückdrängen könnten – Gewalt gegen Gewalt hat wohl noch nie zu einer Lösung geführt. Dafür meist zur Eskalation von Gewalt…*

---

* Den nachhaltigsten Beweis dafür lieferte die Internetplattform „wikileaks" als sie die „Pentagon-Papers ins Netz stellte. In „Der Spiegel" Nr. 43 vom 25.10.2010 wurden Teile des Materials insbesondere zum Irakkrieg und seinen Auswirkungen publiziert (Seite 106 ff), mit denen belegt wird, dass der militärische Sieg der USA weit weniger Opfer forderte, als die Jahre, nach denen er als beendet galt.

III. Zu Attentaten paranoider Einzeltäter

Dass die Namen einiger Persönlichkeiten, die Opfer von Attentaten wurden, bislang noch nicht genannt wurden, ergab sich aus den Umständen dieser Anschläge. Die Täter gehören definitiv weder zu der Gruppe von Attentaten, die bisher betrachtet wurden und ebenso wenig waren sie Terroristen. Ihre Motive, soweit man diesen Begriff überhaupt benutzen darf, sind nicht im radikalisierten politischen Denken und Handeln zu finden. Sie handeln völlig allein und auf Grundlage eines Antriebs, der sich am ehesten aus der Psyche des jeweiligen Täters herleiten lässt.

Eine psychologische Ursachenforschung verbietet sich von selbst, denn ohne eingehende Untersuchung der einzelnen Täter ist diese unmöglich. Die Opfer der hier genannten Attentate waren Persönlichkeiten des öffentlichen Lebens.

Am 11. April 1968 wurde Rudi Dutschke, eine der herausragenden Persönlichkeiten der studentischen Protestbewegung, durch drei Pistolenschüsse lebensgefährlich getroffen.

Der Täter, Josef Bachmann, ein 24jähriger Hilfsarbeiter, war von Peine nach Berlin (West) gefahren, traf vor dem Büro des SDS am Kurfürstendamm auf Rudi Dutschke, wo er drei Schüsse abgab. Er kam, wie übrigens auch Rudi Dutschke aus der DDR, die er 1956 mit seinen Eltern verlassen hatte. Bachmann hatte in Peine Kontakt zu Neonazis und handelte unter dem Einfluss der rechten Presse, die Rudi Dutschke als „rote Gefahr" im Visier hatte... Ob ihn das zu einem Überzeugungstäter macht, muss in gewisser Weise offen bleiben... obwohl man davon ausgehen kann, dass Bachmann nicht wirklich aus einer eigenen politischen Überzeugung heraus handelte.

Am 8. Dezember 1980 wurde John Lennon, Mitgründer der „Beatles", Musiker und Friedensaktivist, in New York erschossen. Der Täter soll ursprünglich ein Fan Lennons gewesen sein. In ersten Meldungen wurde er als geisteskrank bezeichnet.

Am 30. März 1981 eröffnete John Hinckley das Feuer auf Ronald Reagan – 70 Tage nach seinem Amtsantritt als Präsident der USA. Reagan wurde dabei schwer verletzt, ebenso sein Pressesprecher, James Brady, und zwei Sicherheitsbeamte.

Am 25. April 1990 wurde der Kanzlerkandidat der SPD, Oskar Lafontaine mit einem Messer lebensgefährlich verletzt. Adelheid St. war die Attentäterin. Lafontaine überlebte und kehrte in die Politik zurück. Es ist nicht einmal wirklich klar, ob sie wirklich nur auf Lafontaine fixiert war.

Am 12. Oktober 1990 wurde Wolfgang Schäuble, Bundesinnenminister, währen einer Wahlkampfveranstaltung in Oppau hinterrücks von dem Attentäter Dieter K. niedergeschossen. Einer der drei Pistolenschüsse traf die Wirbelsäule. Wolfgang Schäuble ist seitdem gelähmt.

Drei der Attentäter hatten ihre Opfer gezielt ausgewählt. Beim Attentat auf Lafontaine ist dies nicht sicher.
So bleibt festzuhalten, dass es, bedingt durch gravierende psychische Störungen, zu einer Art Projektion auf eine einzelne Person, in diesen Fällen auf bekannte Persönlichkeiten, kommen kann, was unter bestimmten Umständen bewirkt, dass diese Projektion – aus welchen Gründen gerade auf diese Person, kann wohl auch deshalb nicht beantwortet werden, weil der Täter sich dessen nicht bewusst sein muss – dazu führt, einen gezielten Versuch zur Vernichtung dieser Person zu unternehmen.

Vergleichbare Projektionen können zur Rache für erlittene Kränkungen, Demütigungen oder Verlustängsten führen, die bis zum Mord geht.
Die extremste Reaktion ist der Amoklauf, der auf vergleichbare Weise geplant wird. Die Bluttat selbst muss nicht in jedem Fall zur Ausführung kommen. Es bedarf mit großer Wahrscheinlichkeit noch anderer Faktoren in der Psyche eines Täters, bis es zum Amoklauf kommt.
Generell haben sicher viele Menschen irgendwann auch einmal Rachegedanken oder -phantasien. Kaum einer wird diese aber wirklich ausleben.

Das Attentat von Tuscon, bei dem der Todesschütze am 8. Januar 2011 zuerst die demokratische Kongressabgeordnete Gabrielle Gifford mit einem Kopfschuss schwer verletzte und danach in einem Amoklauf weitere 6 Menschen, die sich in unmittelbarer Nähe von Gabrielle Gifford aufgehalten hatten, tötete und weitere 13 zum Teil schwer verletzte, war eine solche unmittelbare, unheilvolle Verknüpfung von beiden Zielvorstellungen. Der Schütze, Jared Lee Loughner, war erst 22 Jahre alt.

Streng genommen fügen sich diese Anschläge weder in das Spektrum von Attentaten und schon gar nicht in die Sphäre des Terrorismus ein. Angesichts der genannten Opfer – John Lennon, ein weltbekannter Künstler, Ronald Reagan war zu seiner Zeit als Präsident der USA der mächtigste Politiker der Welt, Oskar Lafontaine und Wolfgang Schäuble gehörten bzw. gehören zu den langjährigen und wichtigen deutschen Politikern – haben sie eine Bedeutung, die es nicht möglich macht, sie „wegzulassen". Um ihren Besonderheiten angemessen gerecht zu werden, wurde dafür ein eigener Abschnitt gewählt.

IV. Eine historisch einmalige Trilogie von Attentaten – USA von 1963 bis 1968

Nur ein Eldorado der Verschwörungstheoretiker?

Irgendwo war zu lesen, dass die Amerikaner ein besonderes Faible für Verschwörungstheorien hätten, einer Manie folgend, die ein ganzes Volk in die Nähe der Abgründe psychotischer Zwangsvorstellungen rücken würde. Auf der Suche nach den Ursachen dafür, dass viele Amerikaner seit Jahrzehnten mit auffälliger Kontinuität immer wieder zum Zweifel tendieren, wenn sie über national bedeutsame oder auch schockierende Ereignisse und deren offiziellen Erklärungen und Untersuchungen nachdenken – vor allem dann, wenn es sich um Verlautbarungen ihrer Regierung handelt –, stößt man nicht auf irgendwelche metaphysischen, sondern auf ganz reale Gründe.

Zum einen ist das die Unglaubwürdigkeit solcher offiziellen Versionen und zum anderen ist es die Tatsache, dass sie zumindest in zwei gravierenden Fällen erfahren mussten, dass sie belogen worden waren bzw. dass ein Präsident seine politischen Kontrahenten mit kriminellen Methoden bespitzelte, um sicherzugehen, dass er bei der anstehenden Wahl wieder Präsident würde…

Dass auf drei herausragende Politiker, John F. Kennedy, Präsident der USA (1963), Martin Luther King, international hochangesehener Führer des gewaltlosen Widerstandes gegen die Rassentrennung (1968), und auf Robert F. Kennedy, aussichtsreicher Präsidentschaftskandidat (1968), Attentate verübt wurden, war schon wegen des zeitlichen Rahmens schwer zu verkraften. Dass die drei Attentate zum Tod der drei Politiker führten, widerspricht in gewisser Weise jeder „Logik" (warum wurde Robert F. Kennedy nach dem Mord an seinem Bruder nicht besser geschützt?). Dass nun auch drei Einzeltäter diese Attentate verübt haben sollen – ohne dass bei ihnen eindeutige politische Motive erkennbar waren und alle drei fern jeder professionellen Eignung waren –, war für viele schon damals einfach unvorstellbar und schon gar nicht glaubhaft.

Diese geradezu unheimliche „Attentats-Trilogie" wird im Folgenden gründlich betrachtet werden.

Auf andere Weise, aber nicht weniger nachhaltig erschütterte die Erkenntnis, von ihrer Regierung belogen worden zu sein, das Vertrauen in die Integrität und Glaubwürdigkeit von Politikern und ihren verantwortlichen Mitarbeitern.

Als Daniel Ellsberg – er arbeitete als Analytiker für das Pentagon – 1971 Zugang zu Geheimpapieren hatte, fand er Dokumente (7.000 Seiten), die eindeutig beweisen, dass die so genannte „Tonking Affäre", mit der die US-Administration ihren direkten Eintritt in den Vietnamkrieg begründete, von CIA und Militär inszeniert und damit der Einsatz der US-Army mit Fälschungen begründet worden war. Der Angriff vietnamesischer Schnellboote – angeblich in internationalen Hoheitsgewässern –, der 1964 stattgefunden haben sollte, war erfunden. Es hatte ihn nicht gegeben.

Die Amerikaner mussten so bis 1971 warten, bis ihnen bewiesen wurde, dass ihr Auslandsgeheimdienst in Kooperation mit dem Militär sich einer Lüge bedient hatte, um die US-Army in den Vietnamkrieg schicken zu können.

George W. Bush jr. lässt grüßen, dem war auch jede Lüge recht, um den Krieg gegen den Irak beginnen zu können.

Angesichts von Zehntausenden gefallener amerikanischer Soldaten, angesichts der Zehntausenden von Heimkehrern aus diesem Krieg als Krüppel und/ oder schwer traumatisiert, so dass es unzähligen unter ihnen unmöglich war, wieder im Leben Fuß zu fassen, war der Gedanke für viele Amerikaner, und nicht etwa nur für Angehörige von ehemaligen Soldaten, unerträglich, dass es eine – von drei Präsidenten – mitgetragene Lüge war, derentwegen 500.000 Soldaten und Offiziere in Vietnam kämpfen und sterben mussten. Und zuletzt waren die USA auch noch die Verlierer in diesem Krieg…

Ein Ereignis solcher Dimension setzt sich tief fest im öffentlichen Bewusstsein und wirkt weiter.

Letzte Zweifel „beseitigte" Richard Nixon, amtierender Präsident und Republikaner, als er seinem Stab befahl, während des Wahlkampfes um die Präsidentschaft in das Hauptquartier des demokratischen Kandidaten einzudringen und Abhöranlagen anzubringen. Da dieses Hauptquartier sich in einem Gebäudekomplex mit dem Namen „Watergate" befand, wurde der Skandal, nachdem er aufgedeckt worden war, danach benannt.

Erst nachdem Nixon wiedergewählt worden war, begann das FBI mit umfassenden Untersuchungen, die zweifelsfrei auch deswegen mit größtem Nachdruck betrieben werden mussten, da zwei Journalisten, Bob Woodward und Carl Bernstein, in der „Washington Post" ihre Recherchen zu „Watergate" öffentlich machen konnten.

Weitere peinliche Enthüllungen folgten, auch Nixons Befürworter in Wirtschaft und Militär kapitulierten, ein Impeachmentverfahren gegen Nixon wurde eingeleitet, das ihn 1974 zum Rücktritt zwang.

Mit diesen politischen Erfahrungen hatten die Amerikaner ganz reale Gründe, dem, was ihnen von Seiten der Administration oder von Sicherheitsdiensten mitgeteilt wurde prinzipiell zu misstrauen. Dementsprechend wuchs – zusätzlich geschürt durch reine Behauptungen statt Beweisen, durch unzulängliche Ermittlungen oder unglaubwürdige Beurteilungen – das Interesse nachzuforschen, was denn nun weshalb und wie wirklich geschehen war.

Der generelle Ausgangspunkt, dass man bei einer solchen Sachlage davon ausgehen müsse, dass nur eine größere, organisierte Gruppe beispielsweise für die drei Attentate verantwortlich gewesen sein kann, es sich per Definition also um eine Verschwörung handelt, die man aufdecken müsse, verband sich mit dem Umstand, dass alle wichtigen Dokumente unter strengster Geheimhaltung gelagert wurden, also nicht zu nutzen waren. Deshalb blieb denen, die den Umständen nachforschen wollten, nur der Weg, über theoretische und vergleichende Analysen die tatsächlichen Abläufe und die Methoden, diese zu verschleiern, zu ermitteln. Aus diesen Nachforschern wurden „Verschwörungstheoretiker" gemacht.

Nun hat die Bezeichnung „Verschwörungstheoretiker" ja durchaus auch einen abwertenden Klang, könnte also aus den Kreisen kommen, denen es darum geht, Verschwörungen a priori völlig auszuschließen, wahrscheinlich mit guten Gründen.

Wenn kritische Geister auf solche Weise erfahren müssen, dass Regierungen und Geheimdienste in ihrem Land alles andere als vertrauenswürdig oder glaubhaft sind, dann bedarf es nun wirklich keiner Begründung mehr, warum sich Wissenschaftler, politische Aktivisten und Gruppen damit auseinandersetzen, was wann und wie in Wahrheit geschehen ist.

Dass sich zu den angezweifelten Ereignissen auch die erste Mondlandung gesellte, macht in erster Linie deutlich, dass schon lange ein ausgeprägtes Misstrauen gegen Institutionen, Organisationen wie auch gegen die US-Administration existiert.

Dominanz der Aggressionen im ersten Jahrzehnt des „Kalten Krieges"

Die USA in den Jahren bis zur Präsidentschaft John F. Kennedys 1960
Es war ohne jede Einschränkung eine historisch einmalige – und unvorstellbare – Trilogie von Attentaten, mit denen die herausragenden Persönlichkeiten, die für grundlegende Veränderungen der US-amerikanischen Außen- und Innenpolitik standen, ermordet wurden. Wie eingangs benannt John F. Kennedy, Präsident der Vereinigten Staaten (1964), Martin Luther King, der führende Kopf der gewaltfreien Bewegung zur Aufhebung der Rassentrennung (1968) und Robert F. Kennedy, Präsidentschaftskandidat der Demokraten (1968).

Als ihre Mörder wurden in jedem Fall so genannte „Einzeltäter" präsentiert, denen gemeinsam war, dass sie keine professionellen Fähigkeiten für ihre Attentate aufwiesen. Sie waren – aus dieser Sicht – „Dilettanten". Es war immer das gleiche Muster – tödliche Schüsse und die Erklärung, es handle sich um Einzeltäter. Sowohl die zeitliche Abfolge als auch die mehr als geringe Wahrscheinlichkeit, dass drei Dilettanten innerhalb von fünf Jahren mit ihren Schüssen immer tödlich treffen werden, erlaubt allein schon die Schlussfolgerung, dass die Vorgänge um diese Attentate viel komplexer gewesen sein müssen, dass also hinter diesen angeblichen Attentätern Kräfte gestanden haben, die radikale und mächtige Gegner der Kennedys und Martin Luther Kings waren.

Um analysieren zu können, aus welchen Machtzentralen diese Kräfte gekommen sein könnten, reicht es nicht aus, sich auf die Jahre der Attentate zu beschränken. Die Ursachen und Gründe für die Ermordung der Kennedys und Kings, liegen vor ihrer Zeit.

Mit dem Sieg der Alliierten über das faschistische Deutschland (8. Mai 1945) und Japan (14. August 1945) veränderte sich die globale geopolitische Lage grundlegend.

Es begann der „Kalte Krieg" zwischen den USA mit ihren Verbündeten und der Sowjetunion mit ihren europäischen Volksdemokratien, der sich im Bezug auf Europa in zwei Militärbündnissen – der NATO und dem Warschauer Vertrag – manifestierte.

Nachdem die Sowjetunion die erste Atombombe entwickelt hatte, wurde die nukleare Bedrohung Teil der militärischen Strategie beider Bündnisse.

Die innenpolitischen Verhältnisse in den USA wurden unter der Präsidentschaft Harry Trumans von dieser globalen Lage nachhaltig geprägt. Mit dem Senator McCarthy verbindet sich eine geradezu hysterische „Hexenjagd" auf Kommunisten und Intellektuelle, die man für Kommunisten hielt. Sie begann Ende der 40er Jahre und fand ihren Höhepunkt Anfang der 50er Jahre.

Vor allem in den Südstaaten wurde mit allen Mitteln die Rassentrennung durchgesetzt, um verdächtige Farbige „kümmerte" sich der Ku-Klux-Klan, dessen Lynchmorde in der Regel straffrei blieben.

Der so genannte „militärisch-industrielle Komplex" im Bündnis mit der CIA wurde zur entscheidenden Machtgruppierung. War es doch in der Zeit des „Kalten Krieges" notwendig, sich mit allen Mitteln auf einen nuklearen Krieg vorzubereiten. Der scheidende Präsident Dwigth Eisenhower, Republikaner und Nachfolger Trumans, warnte am Ende seiner zweiten Amtsperiode vor der (unkontrollierbaren) Macht dieses „militärisch-industriellen Komplexes"…

Es gehört – generell – zur „Logik" militärischer Führung, dass es für eine effektive Vorbereitung eines globalen Krieges von Vorteil ist, wenn die Streitkräfte – wenn möglich – die Erprobung der erneuerten Waffensysteme und der gesamten militärischen Technik in einem lokalen Krieg unter „realen" Bedingungen durchführen. Ebenso gehört es zur „Logik" der Rüstungsindustrie, dass diese Form der Erprobung besonders profitabel ist, denn die Verluste an Waffen u. a. m. sind bei Übungen nun mal sehr gering.

Die Militärstrategie der US-Militärs war in dieser Zeit – angesichts des eindeutigen „Feindbildes" in Gestalt der kommunistischen Großmacht Sowjetunion – in ihrem Wesen von Aggressivität dominiert. (Die gleiche Position bestimmte die sowjetische Militärdoktrin.)

Europa war geostrategisch mit seinen zwei Militärblöcken eindeutig strukturiert. In Asien dagegen, bezogen auf die Süd- und Ostgrenze der Sowjetunion, war die geostrategische Lage für die USA extrem problematisch. Besonders gravierend waren der Sieg und die Machtergreifung der Kommunisten in China, die den von den USA gestützten Machthaber Tschian Kai Tschek – trotz aller militärischen Unterstützung – 1948/49 besiegt und vertrieben hatten. Indien wurde nach dem Ende der britischen Kolonialherrschaft eine führende Kraft des Verbundes der „Blockfreien Staaten", die Mongolei war Volksrepublik und mit der UdSSR verbündet. Der Koreakrieg, als die Nordkoreaner 1950 mit sowjetischer und später chinesischer Militärhilfe den südlichen Teilstaat des geteilten Landes überfielen, endete 1951 mit einem „Patt", das Land blieb geteilt und der 38. Breitengrad blieb auch nach dem Krieg die Grenzlinie.
Dem hatten die USA lediglich ihre Militärstützpunkte in Japan, dem späteren militärisch starken Bündnispartner, und die Raketenstellungen in der Türkei an der Grenze zur UdSSR entgegenzusetzen.
Hinzu kam, dass im asiatischen Raum kommunistische Bewegungen aktiv und erfolgreich waren, wie etwa in Indonesien.

Dem musste mit allen Mitteln entgegengewirkt werden. Der Fokus richtete sich dabei immer stärker auf Vietnam, Teil der ehemaligen französischen Kolonie Indochina. Auch dieser Teil war im II. Weltkrieg von den Japanern besetzt worden. Gemeinsam mit dem kommunistischen Widerstand der Viet Minh unter Ho Chi Minh besiegte die US-Army die Japaner.
(Auf der Potsdamer Konferenz wurde Vietnam dann in zwei Zonen geteilt, die anfänglich unter chinesischer und englischer Verwaltung standen. Als Frankreich seine „Rechte" als Kolonialmacht einforderte, wurden ihm diese eingeräumt. Von Nordvietnam ausgehend begann der Kampf

gegen die französische Kolonialarmee, die mit dem Sieg der vietnamesischen Befreiungsfront in der Schlacht von Dien-bien-phu endete.

1954 kam es zum Genfer Indochina-Abkommen, das die Region Indochina befrieden sollte. Vietnam blieb geteilt. Im Norden des Landes regierten die Kommunisten, im Süden des Landes kam Ngo Dinh Diem, ein Protegé der USA, nach einer „Wahl" an die Macht. Diem, ein Katholik, herrschte diktatorisch, galt als korrupt und hatte keinen Rückhalt in der überwiegend buddhistischen Bevölkerung. Der Widerstand verschärfte sich, die Partisanenbewegung, von den USA Vietcong genannt, wurde, vom Norden unterstützt, immer aktiver und wirksamer. Die Absetzung Diems brachte keinen Wandel und die USA mussten immer stärker militärisch eingreifen, um ihre „Bastion" Südvietnam zu halten. Der Krieg eskalierte, da die politische und militärische Führung der USA entschieden hatte, diesen Krieg mit allen Mitteln zu gewinnen.

Ein Präsident im Kreuzfeuer
Die Schüsse auf John F. Kennedy, Dallas, 22. November 1963

Mit dem Sieg John F. Kennedys bei der Präsidentschaftswahl 1960, wurde erstmals nach Franklin D. Roosevelt der Kandidat der Demokraten Präsident der USA.

Kennedy, der aus einer der einflussreichsten Familien der USA kam, war mit seinen 43 Jahren zum einen ein bemerkenswert junger Präsident und zum anderen eine charismatische Persönlichkeit, die für eine Liberalisierung und Modernisierung der Gesellschaft stand, die durch ihn, unabhängig von den politischen Ergebnissen seiner kurzen Präsidentschaft, nachhaltig und erfolgreich in Bewegung gebracht wurde. Vor allem das macht seine besondere Wirkung und Verehrung bis heute verständlich.

Denn die innen- und außenpolitischen Probleme, die zu bewältigen waren, erwiesen sich als komplex, schwierig und boten zumeist wenig Aussicht auf schnelle Erfolge.
Es waren das u. a. der gewaltlose Widerstand unter Martin Luther King gegen die Rassentrennung und der massive Widerstand der konservativen Kräfte, der Vietnamkrieg, die Hochspannung in der Konfrontation mit der Sowjetunion, nicht nur in der Zeit der Kubakrise…

Dass er sich für die Aufhebung der Rassentrennung entschied, für eine Kompromisslösung in der Kubakrise statt für einen nuklearen Krieg, dass er die CIA unter Regierungsaufsicht stellen wollte, all das machte ihn in gewisser Weise für den „militärisch-industriellen Komplex", für die Rassisten aller Schattierungen und für die CIA zum „Staatsfeind" Nummer 1; der zweite in dieser „Liste" war Martin Luther King und der dritte Robert F. Kennedy, als er seine Kandidatur für die Präsidentschaft erklärte.

Die erste militärische Option – aus Sicht der Armeeführung wie der CIA – war der Angriff auf die Sowjetunion, bevor diese ihrerseits angreifen würde. Dabei war vorrangig, dass ein solcher Angriff der UdSSR die Eroberung der westeuropäischen NATO-Staaten zum Ziel hätte. Mit dem „Sputnikschock" – die Sowjetunion beförderte erstmals Ende der 50er Jahre einen Satelliten, den „Sputnik", mit einer Rakete ins Weltall – war aus militärischer Sicht klar, dass ein Gegner, der Raketen ins All schießen konnte, mit diesen Raketen auch die USA direkt angreifen konnte. Der weitere Fortschritt der sowjetischen Raumfahrt – erster bemannter Raumflug mit Juri Gagarin am 12.4.1961 – verstärkte diese Befürchtungen und lieferte den Strategen des Erstschlags weitere Argumente.

Hinzu kam, dass Nikita Chrustschow als Partei- und Regierungschef in seiner Außenpolitik für das westliche Bündnis als unberechenbar galt.

Entscheidend für die Zuspitzung des Konflikts zwischen der Kennedy-Administration und den Gegenkräften in Wirtschaft, Militär und Geheimdienst war aber die Entwicklung in Kuba. Im Januar 1959 marschierte die Rebellenarmee unter Führung Fídel Castros in Havanna ein und beendete die Diktatur des US-Statthalters Batista. Die Anhänger Batistas gingen ins Exil, mehrheitlich in die USA. Viele dieser Exilkubaner ließen ihren oft großen Besitz an Land oder Plantagen zurück. Die neue kubanische Regierung enteignete den ausländischen Besitz an Fabriken und Zuckerrohrplantagen. Die USA brachen daraufhin die Beziehungen zu Kuba ab und verhängten ein striktes Embargo, das bis heute gültig ist.

Mit maßgeblicher Unterstützung der CIA, durch Bewaffnung und Ausbildung, formierten die Exilkubaner eine Armee, die 1961 versuchte in der Playa Giron (Schweinebucht) zu landen, um die Herrschaft Castros zu beenden. Das Unternehmen endete in einem Desaster, der Angriff wurde zurückgeschlagen und Kennedy untersagte der US-Air Force die erhofften Luftangriffe auf Kuba. Und Castro und seine Gefährten entschieden sich für einen Weg zum Sozialismus und für ein enges Bündnis mit der UdSSR.

Mit der Kubakrise kam es zu einem Konflikt von globaler Dimension. Chrustschow hatte in Absprache mit Fídel Castro begonnen, sowjetische

Raketen auf Kuba zu stationieren. Daraufhin verhängte die US-Regierung eine Seeblockade und die Welt stand vor dem III. Weltkrieg…

Erst als Kennedy und Chrustschow einen „Modus vivendi" fanden, konnte die Gefahr eines Nuklearkrieges gebannt werden. Die UdSSR zog ihre Raketen zurück und (unter Stillschweigen) zogen auch die USA ihre Raketenstellungen von der sowjetisch-türkischen Grenze ab.

Mit seinen politischen Entscheidungen war John F. Kennedy für den „militärisch-industriellen Komplex" und dessen aggressiven Ziele, für die CIA, die um ihre Allmacht fürchten musste, für die Rassisten aller Schattierungen und die Exilkubaner, die sich von ihm verraten fühlten, zu einem unvertretbaren Risiko geworden. Als er zu erkennen gab, dass er das Engagement der USA in Vietnam auf längere Sicht beenden wolle und auch die Kontrolle über die Aufklärungsflüge mit neu entwickelten Flugzeugen, die aus der Luft die UdSSR ausspionierten, forderte, hatte er die „Grenze" endgültig überschritten.

(Wie immens wichtig Vietnam und das militärisches Eingreifen für die politische und militärische Führung der USA wirklich waren, belegt die bereits genannte „Tonking Affäre". 1964 behaupteten die USA, dass ihre Kriegsschiffe im Golf von Tonking in den internationalen Hoheitsgewässern von nordvietnamesischen Schiffen angegriffen worden wären. Damit wurde der Einsatz von Bodentruppen und der Luftwaffe legitimiert. 500.000 Soldaten wurden nach Vietnam geschickt, die Bombenflugzeuge warfen mehr Bomben als im gesamten II. Weltkrieg auf Vietnam ab und flogen so genannte „Entlaubungsaktionen" mit chemischen Kampfstoffen. Als Ellsberg die Pentagon-Papiere in die Öffentlichkeit brachte, erfuhren die Amerikaner, dass sie belogen worden waren. Der „Zwischenfall" war vorsätzlich erfunden.)

In einer entscheidenden Frage konnten Kennedys Gegner sicher sein: sein Vizepräsident, Lyndon B. Johnson, ein Repräsentant des rechten Flügels der Demokraten, war in ihren Augen ein zuverlässiger Partner. Blieb das Problem, wie dieser Präsident „ausgeschaltet" werden könnte.

Die Dramaturgie der Schüsse von Dallas

Am 22. November 1963 gegen 11 Uhr landete die Präsidentenmaschine mit John F. und Jackie Kennedy in Dallas. Gegen 12 Uhr 30 bog der Konvoi – Kennedy saß mit seiner Begleitung im offenen Wagen – von der Houston Street in einer scharfen Linkskurve in die Elm Street ab und passierte in langsamer Fahrt das rechts stehende Hochhaus, in dem sich im 6. Stock das "Texas School Book Dipository" befand.

In diesem Moment fielen mehrere Schüsse, die den Präsidenten tödlich trafen und den ihn begleitenden Gouverneur von Texas, Tom Connally, schwer verletzten. Die Security-Männer, die für den Schutz des Präsidenten zuständig waren, hielten sich hinter dem Wagen auf und griffen deshalb erst ein, nachdem die ersten Schüsse gefallen waren. Umgehend wurde Kennedy in ein Krankenhaus gebracht, wo er seinen schweren Verletzungen erlag. Der Präsident der Vereinigten Staaten war zum Opfer eines Attentats geworden. Noch im Flugzeug, in dem der Leichnam John F. Kennedys nach Washington DC geflogen wurde, legte sein Vizepräsident, Lyndon B. Johnson, den Amtseid als neuer Präsident der USA ab.

Nach etwa 75 min. präsentierte die Polizei den angeblichen Attentäter – Lee Harvey Oswald.
Eine Rekonstruktion der Wege von Oswald an diesem Tag ergibt folgenden Ablauf: Am Morgen betritt Oswald das Gebäude, in dem sich in einem Schulbuchlager im 6. Stock sein Arbeitsplatz befindet. Am Vormittag wird er von anderen Mitarbeitern des Hauses u. a. in einer Kaffeestube gesehen. Um 12 Uhr 30 ergreift er dann sein Gewehr, ein einfaches, mit einem Zielfernrohr ausgestattetes Modell. Seine Position für einen erfolgreichen Schuss ist extrem ungünstig. Er muss das kleinstmögliche Ziel treffen, denn nur der Kopf des Präsidenten ist zu sehen, ein Ziel, das sich außerdem von ihm fortbewegt und er muss von oben nach unten zielen – in einem Neigungswinkel von etwa 45° –, was die Wahrscheinlichkeit eines erfolgreichen Treffers verringert. (Laut Armeeunterlagen war Oswald kein

wirklich guter Scharfschütze und darüber hinaus war seine Waffe kein spezielles Scharfschützengewehr.) Trotzdem schafft es Oswald – nach der offiziellen Version – im Abstand von wenigen Sekunden drei Schüsse abzugeben, von denen der zweite (oder dritte) tödlich war, obwohl er bei jedem Schuss das sich entfernende Ziel neu aufnehmen musste – denn der Präsidentenwagen legte bis zum tödlichen Schuss noch mehr als vierzig Meter zurück.

Dann verließ Oswald unbehelligt das Haus, das nach wenigen Minuten von der Polizei abgesperrt wurde, obwohl er – wieder nach der offiziellen Version – noch eine Kistenbarrikade abgebaut und das Gewehr versteckt haben soll. (Diese Version lässt viel Raum für einen völlig anderen Ablauf.) Er fuhr mit einem Taxi zu seiner Wohnung, erschoss noch einen Polizisten namens Tipitt (was keiner der später vernommenen Zeugen bestätigen konnte) und setzte sich in ein Kino.

In kürzester Zeit sind Polizei und FBI oder wer auch immer zu der unumstößlichen Erkenntnis gelangt, dass nur Oswald allein der Schütze gewesen ist, obwohl ausgeschlossen werden kann, dass zu diesem Zeitpunkt bereits eine ballistische Untersuchung abgeschlossen sein konnte. Die Ermittler hatten lediglich das Gewehr und das Wissen, dass die Waffe einem gewissen Lee Harvey Oswald gehörte. Offenkundig als „Hellseher" ausgebildet, stellten sie ein Kino als Aufenthaltsort Oswalds fest, wo er verhaftet wurde.

Diese – meist wenig oder nicht beachtete – Verhaftung Oswalds ausgerechnet in einem Kino, ist das erste und eindeutige Indiz dafür, dass Oswald auf keinen Fall allein oder unbeobachtet gehandelt haben kann. Um ihn in einem Kino verhaften zu können, muss er auf seinem Weg nach dem Verlassen des Hochhauses observiert worden sein. Als – ungewöhnlich schnell – auch für die Polizei von Dallas der Attentäter feststand, hatte man es offenkundig zu eilig, Oswald als Kennedys Mörder zu präsentieren, so dass der Zugriff umgehend erfolgte, obwohl eigentlich niemand wissen konnte, wo er sich aufhielt. Ein gravierender Fehler.

Allerdings lassen die Umstände seines unbehelligten Verlassens des Hochhauses eine weitere Überlegung zu: es ist durchaus nicht auszuschließen, dass sich Oswald zum Zeitpunkt der Schüsse gar nicht mehr an seinem Arbeitsplatz im 6. Stock aufgehalten hat. Sicher ist lediglich, dass sein Gewehr dort gefunden wurde…

Jedes Attentat, besonders natürlich solche auf hochrangige Persönlichkeiten, braucht in der Regel eine gründliche Vorbereitung (auch dann, wenn sie von so genannten Einzeltätern begangen werden), und auch diese ist keine Garantie für den Erfolg. Das Risiko eines Fehlschlags kann als sehr hoch eingeschätzt werden. Da wären nicht nur der Personenschutz solcher Persönlichkeiten und die latente Möglichkeit eines Fehlschusses u. a. Versagensmomente, sondern auch die Entscheidung über Ort und Zeitpunkt des Attentats. Denn jede Veränderung der Abfolge oder des zeitliches Ablaufs des Weges der Zielperson kann alle Vorbereitungen zunichte machen.

Es gehört deshalb zu den besonderen Auffälligkeiten des Attentats von Dallas, dass die Route der Fahrt des Präsidenten durch Dallas dergestalt geändert wurde, so dass seine Fahrt nach der scharfen Linkskurve direkt am genannten Hochhaus vorbeiführte. Dieser Weg war ursprünglich nicht vorgesehen.

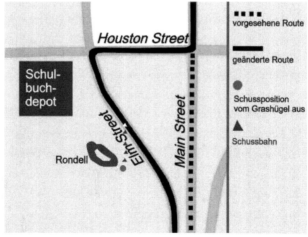

Graphische Darstellung der geänderten Fahrtroute Kennedys in Dallas

Plant nun eine Gruppe oder eine Organisation ein politisches Attentat in diesem Bereich, hat sie allerdings die zusätzliche Möglichkeit, ihre Attentäter (!) an verschiedenen Orten zu postieren, was die Wahrscheinlichkeit eines Erfolges immens erhöht. (Der klassische Beleg dafür ist die Ermordung des österreichischen Großherzogs und seiner Gemahlin in Sarajewo 1914, als eine ganze Gruppe von meist jungen und absolut ungeeigneten nationalistischen Serben sich an der Fahrtstrecke postiert hatte und nach mehrmaligem Versagen einzelner durch die tödlichen Pistolenschüsse des 18jährigen Studenten Gavrilo Princip doch ihr Ziel erreichte. Eine fanatisierte Gruppe von absoluten Dilettanten.)

Eine letzte wichtige Aufgabe bei solchen Attentaten ist die Geheimhaltung und der Schutz der Attentäter. Flucht wäre möglich, ist aber viel zu riskant, würde doch dadurch der Verdacht auf bestimmte Personen gelenkt. Ein wirksamerer Weg – vielleicht sogar der Königsweg – ist die schnelle Überführung und Präsentation eines angeblichen Attentäters (durch die eigentlichen Attentäter selbst). Gibt es erst einmal einen solchen „Verdächtigen" richten sich die Ermittlungen auf diesen. Zeit genug, um Spuren zu verwischen, Alibis zu fabrizieren usw. usf. Attentäter dieser Ebene neigen ohnehin nicht dazu, schriftliche Beweise als Belege anzufertigen oder gar aufzubewahren. Für objektive Ermittler, die dem Rechtsweg folgen, ist die Aufklärung des Attentats somit eine fast unlösbare Aufgabe, selbst ein Geständnis bietet keine Sicherheit, die Täter und ihre Hintermänner zu überführen. Es kann ohnehin ausgeschlossen werden, dass Oswald in Dallas die einzige Option als „Sündenbock" für die tatsächlichen Attentäter war.

Wer war Lee Harvey Oswald? Auf jeden Fall ein Mann mit einer geradezu abenteuerlichen, fast einmaligen Biographie:
Mit 17 Jahren begann er seinen Militärdienst bei der Marineinfanterie, im Rahmen seiner Ausbildung war er in der Luftüberwachung eingesetzt und wurde im Naval Air Technical Training Center am Radar ausgebildet. In dieser Zeit soll er auch Russisch gelernt haben.

1957 wird er auf dem Luftwaffenstützpunkt der US-Army im japanischen Atsugi stationiert. Einem geheimen Standort, von dem aus auch Spionageflüge über der UdSSR durchgeführt wurden. 1958 wurde er auf die Marinebasis El Toro in den USA versetzt, wo er seinen Militärdienst 1959 vorzeitig beendete.

Am 20. September 1959 – wenige Tage nach seiner Entlassung – reiste er auf Umwegen in die UdSSR und ersuchte um die sowjetische Staatsbürgerschaft. Er erhielt schließlich eine befristete Aufenthaltserlaubnis. Er bekam Arbeit und heiratete schließlich die Studentin Marina Prussakowa. 1962 wurde seine Tochter geboren. Nach einer weiteren Verlängerung seiner Aufenthaltsgenehmigung, versuchte er aber schon seit 1961 seine Ausreise zu „organisieren". Am 13. Juni 1962 kehrte Oswald – offenkundig ohne größere Schwierigkeiten – mit seiner Familie in die USA zurück.

Über verschiedene Stationen führte ihn sein Weg nach Dallas. Sein Verhalten war in dieser Zeit widersprüchlich und undurchschaubar. Er suchte Kontakt zu Exilkubanern, denen er seine Unterstützung (?) angeboten haben soll. In Dallas dagegen trat er mehrfach öffentlich als Agitator pro Castro und als Marxist/ Leninist in Erscheinung (Verteilung von Flugblättern u. a.). Er erhielt in Dallas eine Anstellung im Schulbuchlager des Staates Texas, dem Texas School Book Depository, das an der Elm Street gelegen war. Am 20. Oktober 1963 kam seine zweite Tochter zur Welt. 22 Tage später wurde Kennedy ermordet.

In dieser Zeit hatte er eine Reihe von Kontakten zu Personen, die zum Umfeld von CIA und FBI gehörten…

Oswalds Lebensweg steht im extremen Widerspruch zu allen „Regeln" in der Zeit des „Kalten Krieges". Eigentlich undenkbar, dass ein gerade entlassener US-Marin mit seinem Wissen wie selbstverständlich und fast regulär in die UdSSR reisen und dort unbehelligt bleiben kann. Ebenso undenkbar, dass er nicht nur die Aufenthaltsgenehmigung bekommt und in der Folgezeit mit seiner russischen Frau die Sowjetunion verlassen kann, was für Bürger der UdSSR eigentlich völlig ausgeschlossen war. Noch merkwürdiger der Umstand, dass er unbehelligt wieder in die USA zurückkehren durfte. Da davon ausgegangen werde kann, dass Lee Harvey Oswald nicht eine – lax gesagt – große „Nummer" in einem Spiel der Geheimdienste gewesen ist, bleibt nur zu konstatieren, dass er – zumindest vom Prinzip her – so unbedeutend gewesen sein könnte und ebenso eigensinnig, dass man bei ihm – aus welchen Gründen auch immer – alle Prinzipien außer acht ließ.

Oswald macht allerdings den Eindruck einer merkwürdigen Labilität, die ja eine instinktive Zielsicherheit nicht ausschließt. Vor allem aber kann man sich der Einsicht nicht verschließen, dass er jedem, der ihn ansprach, seine Unterstützung anzubieten bereit war, egal, welche politischen Positionen der- oder diejenigen vertraten.

Nach seiner Verhaftung wurde er stundenlang verhört. Ein Protokoll dieses Verhörs wurde gegen alle polizeilichen Regeln nicht angefertigt – oder wurde es von den Vernehmern vernichtet, weil die Aussagen Oswalds von solcher Brisanz waren, dass sie es nie gehört haben wollten? Es müsste ihnen schnell klar geworden sein, dass sie selbst als „Mitwisser" gefährdet gewesen wären. Ein weiteres Indiz dafür, dass auch hier andere Kräfte im Spiel gewesen sein müssen. Oswald war schließlich des Mordes am Präsidenten der USA beschuldigt. Er soll aber eindeutig erklärt haben, dass er weder Kennedy noch den Polizisten Tibit erschossen habe.
Am nachfolgenden Tag, an dem er des Mordes an Kennedy angeklagt werden sollte, sagte er den aufschlussreichen Satz: „I'm just a patsy" (Ich bin nur der Sündenbock).
Das war – wahrscheinlich – sein Todesurteil. Am Tag darauf wurde er während der Überführung ins das Staatsgefängnis von Dallas von Jack Ruby vor laufenden Kameras aus nächster Nähe erschossen.
Zweifel an der Einzeltäterschaft Oswalds gab es bereits vom ersten Tag an. Bei den ersten Vernehmungen gaben mehrere Zeugen, die sich in der Nähe des Hügels auf der rechten Straßenseite aufgehalten hatten, an, dass sie Schüsse aus dieser Richtung wahrgenommen hätten. Andere Zeugen berichteten dagegen, nur einen Schützen wahrgenommen zu haben. Wobei diese Darstellung mehr als unwahrscheinlich klingt – wo und wie wollten

denn diese Zeugen einen Schützen, der aus einem Hochhaus, dessen Vorderfront kaum von Passanten einzusehen war, geschossen hatte, gesehen haben? Auch die Zahl der Schüsse, die gezählt wurden, schwankte zwischen vier und sechs; das machte vor allem eines deutlich: dass sehr schnell – von mindestens zwei Personen – geschossen worden sein muss, was die unterschiedlichen Wahrnehmungen ausreichend erklären würde.

Ein eindeutiger Beweis, dass Kennedy nicht durch einen Schuss aus dem Buchlager tödlich getroffen wurde, ist eine Aufnahme vom Kopf des toten Präsidenten. Auf diesem Foto ist im Bereich des Hinterkopfes deutlich eine so große Wundöffnung zu erkennen, wie sie eigentlich nur beim Austritt eines Geschosses entsteht. Diese Kugel muss demnach von vorn auf Kennedy abgefeuert worden sein. Aber dieser Tatbestand wird von den Verfechtern der Einzeltäterschaft Oswalds „standhaft" ignoriert.[12]

Bis heute gibt es aus kriminaltechnischer Sicht nicht einmal den Beweis, dass Oswald tatsächlich selbst auf Kennedy geschossen hat. Dass es sein Gewehr war, das an seinem Arbeitsplatz gefunden wurde, beweist in keiner Weise, dass er die Schüsse abgegeben hat. Auch Oswalds Fingerabdrücke auf seinem Gewehr sind als Tatbestand alles andere als beweiskräftig. Im Gegenteil, wenn seine Fingerabdrücke nicht festgestellt worden wären, dann wäre gerade dies ein Verdachtsmoment dafür, dass Oswald geschossen haben könnte. Denn beim Verstecken des Gewehrs hätte er auch seine Fingerabdrücke beseitigen können. Das schließt nicht zwingend aus, dass er geschossen haben könnte. Aber Oswald hat bis zuletzt immer wieder

---

[12] Es hat bis heute zahlreiche Untersuchungen mit modernsten Methoden gegeben. Per Computer wurden sorgfältig Schussgeräusche untersucht. Mit Computeranimationen wurde der Tathergang rekonstruiert. Auch wenn man vielleicht die Zahl der abgegebenen Schüsse festzustellen vermag – wer die Schüsse abgegeben hat, kann auch der modernste Computer nicht erkennen. Abgesehen davon, darf nicht außer Acht gelassen werden, dass das Ziel der Untersuchung (Einzeltäter oder Verschwörung) erheblichen Einfluss auf die die Versuchsanordnung, auf die Verfahren, Methoden und damit auf die Schlussfolgerungen nimmt. Die Hypothese, die es zu beweisen gilt, ist sehr oft bereits der eigentliche Schlüssel zum Ergebnis.

bestritten, dass er geschossen habe. Ihm hätte also die Tat bewiesen werden müssen. Mit seiner Ermordung entfiel diese Beweisführung von Seiten der Ermittler. Man konnte sich darauf beschränken, Indizien für die Einzeltäterschaft Oswalds zusammenzutragen, immer mit „freundlicher" Unterstützung derer, die dafür gesorgt hatten, dass Oswald als der allein Schuldige ausgemacht worden war.

Nochmals zurück zu Oswalds Aufenthalt in Dallas vor dem Attentat: Auf Grund seines Lebensweges, seiner politischen Aktionen und vor allem auf Grund dessen, wie genau diese registriert worden waren, obwohl Oswald nicht gerade eine herausragende Figur gewesen sein dürfte, wurde er mit Sicherheit observiert. Nun gibt es dafür verschiedene Methoden – eine komplette Überwachung durch Agenten des FBI oder der örtlichen Polizei, die ständige Registrierung von Aktivitäten im Rahmen eine punktuellen Überwachung und die Möglichkeit durch verdeckte Ermittler Kontakt zu der Zielperson herzustellen. Ein solcher Ermittler, entsprechend geschult, kann eine dauerhafte Verbindung – bis zur Freundschaft – zur Zielperson schaffen. Diese Methode dürfte bei Oswald erfolgreich und – auf Grund seiner widersprüchlichen Aktivitäten – die effektivste und nützlichste gewesen sein. Wer immer auch diese Person gewesen sein mag, nur ein solcher verdeckter Ermittler hätte Oswald derart „steuern" können.

Damit ist nicht gesagt, dass man eine solche Verbindung mit dem Ziel hergestellt hätte, das Attentat auf Kennedy vorzubereiten.

Als sich die radikalen politischen Gegner Kennedys für die Ermordung des Präsidenten entschieden hatten, mussten sie nach Möglichkeiten suchen, wo, wann und wie ein solches Attentat Erfolg haben könnte. Eine Option war Dallas – sicher nicht die einzige. Auf der Suche nach dem notwendigen „Einzeltäter" stieß man dann auf Oswald. Was nicht ausschließt, dass es noch weitere „Kandidaten" gegeben haben wird.

Das vorausgesetzt, ist es mehr als unwahrscheinlich, dass sich Oswald als „Sündenbock" allein im 6. Stock aufgehalten haben soll. Er hat – was angesichts der Abläufe nicht ausgeschlossen werden darf –, höchstwahrscheinlich nicht einmal selbst geschossen. Wichtig war vor allem, dass er das Gebäude unbedingt verlassen haben musste, bevor die Polizei es abriegelte. Eine umgehende Festnahme hätte zu Komplikationen führen können. Schließlich musste erst einmal der Verdacht auf Oswald gelenkt werden. Nachdem die örtlichen Polizeikräfte und die Ermittler des FBI „überzeugt" worden waren, ging der Befehl zu seiner Verhaftung hinaus, zusammen mit dem erstaunlich präzisen Hinweis, wo sich Oswald gerade aufhielt. Ein fataler Fehler, denn damit wurde – indirekt – bestätigt, dass Oswald schon vorher unter „Verdacht" stand, ohne dass die vor Ort befindlichen Verschwörer erklären durften, warum und weshalb er observiert wurde. Ansonsten ist eine derartig zielstrebige Verhaftung in einem Kino mehr als unwahrscheinlich. Es ist schon merkwürdig, dass dieser „Übereifer" – es galt nun nur noch, Oswald schnell festnehmen zu lassen – kaum beachtet worden ist.

Also schickte Oswalds „Freund" ihn rechtzeitig los. Damit war er mit dem Gewehr Oswalds scheinbar allein im Raum. Aber nicht lange. Ein „angeheuerter" Scharfschütze kam hinzu und bezog Stellung (wie der oder die andere(n) Scharfschützen auf der Böschung. Nur Dilettanten setzen auf einen Schuss.)

Der eigentliche Tathergang könnte demnach so abgelaufen sein: Während der „Freund" Oswalds in kürzester Zeit drei Schüsse abgab – schließlich müssen die Patronenhülsen am Tatort gefunden werden – feuerte der Scharfschütze seine zwei gezielten Schüsse ab, die durch die Geräusche der drei Schüsse aus Oswalds Gewehr überdeckt wurden; damit wäre begründet, warum in den Aussagen über die Zahl Schüsse unterschiedliche Angeben gemacht wurden.

Kennedy von dem ersten Schuss getroffen, links Jackie Kennedy;
Wahrscheinlich das erste Foto, das unmittelbar nach den Schüssen aus dem 6. Stockwerk
aufgenommen wurde

Der Schuss traf Kennedy, durchschlug seinen Kopf und traf seinen Oberschenkel, setzte zu einem „Flug" nach oben an, traf den vor (aus der Sicht
des Schützen hinter Kennedy) sitzenden Connally in den Rücken, die
austretende Patrone traf auf einen harten Gegenstand und wurde zum
Querschläger, der Connally noch an der Hand und am Oberschenkel
verwundete. Eine geradezu einmalige Bahn eines Geschosses.
(Entschieden „logischer" ist, dass es zwei Schüsse waren, der erste traf
Kennedy und der zweite Connally, da Kennedy zusammengesunken war.)
Wenig später traf Kennedy die tödliche Kugel, die hinter dem Zaun auf der
Böschung abgefeuert wurde, eine dritte Kugel, abgefeuert von einem
weiteren Schützen (?), verfehlte ihr Ziel. Sie wurde deshalb nie gefunden.

Der Standort dieser Schützen war so gewählt, dass sie freie Sicht auf den Präsidenten hatten.

Auf virtuellen Rekonstruktionen des Attentats halten sich zwei Schützen im Abstand von vielleicht 30 Metern an der Böschung auf. Der vordere Schütze muss bei diesem Standort den Präsidenten verfehlt haben, da der Schusswinkel zu stumpf war Er hätte den Kopf Kennedys nur seitlich treffen können. Dass dieser sein Ziel verfehlte, kann dadurch bedingt sein, dass sich Kennedy nach dem ersten Schuss, der ihn traf, wahrscheinlich bewegt hat. Diesem Schützen würde dann die Kugel zuzuordnen sein, die nicht gefunden wurde.

Der weiter weg stehende Schütze hatte dagegen eine weitaus bessere Position – der Wagen des Präsidenten bewegte sich langsam auf ihn zu und er konnte Kopf und Körper Kennedys besser einsehen als der Schütze im Hochhaus.

Beide Schützen hatten definitiv nur Zeit für einen Schuss, denn nahe vor ihrer Deckung (Gebüsch und Zaun) standen die Menschen, die Kennedy zujubelten. Also mussten der (oder die) Schütze(n) so schnell wie möglich verschwinden, bevor er (sie) gesehen werden konnte(n).

Die Aussage von etwa 50 Zeugen, dass sie Schüsse oder einen Schuss aus Richtung der Böschung gehört hatten, wurde bei den weiteren Ermittlungen „standhaft" ignoriert.

Für die im Gebäude befindlichen Attentäter dürfte es nicht allzu schwer gewesen sein, sich unter die Polizeikräfte bzw. Agenten des FBI zu mischen, zumal sie sich als Agenten, wahrscheinlich der CIA, ausweisen konnten, zugleich beeinflussten sie – wie geplant – die Ermittlungen vor Ort…

Um ein Attentat auf den eigentlich am besten bewachten Präsidenten erfolgreich auszuführen, ist höchste Professionalität erforderlich und selbst sie ist kein Garant für den Erfolg.

Sicher, es ist nie auszuschließen, dass ein Einzeltäter mit einem „Glücks-treffer" Erfolg haben kann. Im Fall Oswald spricht aber alles, was nach dem Attentat folgte, eindeutig dagegen, dass er der Täter war. Nicht zu beantworten ist lediglich die Frage, ob er noch im Raum war, als geschos-sen wurde. Dagegen aber spricht vor allem, dass er das Gebäude noch rechtzeitig verlassen konnte, bevor es umgehend von Polizeikräften abge-riegelt wurde.

Ein Problem musste nun vorrangig gelöst werden. Lee Harvey Oswald musste wissen oder zumindest ahnen, was gespielt worden war, und er hätte Personen nennen und identifizieren können, deren „Enttarnung" unbedingt vermieden werden musste. So wandte man sich an einen alten „Bekannten", der im Geheimdienst kein unbeschriebenes Blatt war, auch wenn er sich inzwischen als Nachtclubbesitzer in Dallas niedergelassen hatte – Jack Ruby. Warum er diesen „Job" übernahm, der zwingend zu seiner Verhaftung und Verurteilung führen musste, ist nicht feststellbar, seine Behauptung, er habe Kennedys Tod rächen wollen, beweist nun wirklich nichts. Letztlich bleibt nur eine Tatsache von gewisser Aussage-kraft, dass Ruby kurze Zeit nach seiner Verurteilung an Krebs starb… es war – so gesehen – sein letzter Dienst für die an der Verschwörung betei-ligten „Kollegen".

Die Bilder von den tödlichen Schüssen auf Oswald belegen, dass es Ruby sehr leicht gemacht wurde, Oswald zu treffen. Während er bereits von der rechten Seite auf Oswald, der mit Handschellen an zwei Beamte gefesselt ist, zustürmt, schauen diese drei noch in die Kameras. Scheinbar beachtet niemand Rubys Bewegung, die vorsichtig gesagt, nichts „Gutes" ver-spricht. Als er schießt, beugt sich der links stehende Beamte mit erstaun-tem Gesicht von Oswald weg, der verzweifelt versucht, sich mit den Armen zu schützen…

Aber noch sind für die Verschwörer längst nicht alle Probleme gelöst, bleiben Fragen, die nicht beantwortet werden. Und Menschen, die die

falschen Fragen stellen, leben gefährlich, obwohl der „überführte" Attentäter Oswald auch ohne Gerichtsverfahren zum Tode verurteilt worden war.

Verschleierung, Verschweigen und Willkür – die Strategie bis heute

Bevor zeitgenössische Berichte und neue Erkenntnisse aus den Jahrzehnten nach John F. Kennedys Ermordung dokumentiert werden, soll die „Warren-Kommission" und ihre Wahrheitsfindung betrachtet werden. Der neue Präsident, Lyndon B. Johnson hatte diese Kommission gebildet, die alle Tatumstände sorgfältig prüfen, Tatzeugen anhören und alle Unterlagen prüfen sollte. Der „Warren-Report" wurde zu einem umfangreichen Dossier, auf dessen Grundlage die Kommission – im Sinne der „political correctness" – zu dem keineswegs überraschenden Urteil kam, dass es ein Einzeltäter, also Oswald, war, der Kennedy erschoss.

Wer waren die Mitglieder dieser Kommission, deren Dossier bis heute der höchsten Geheimhaltungsstufe unterliegt und noch lange unterliegen soll (obwohl seine Veröffentlichung eigentlich allen Verschwörungstheorien die Basis entziehen müsste)?

Ihr Vorsitzender, Earl Warren, war ehemals Richter am „Supreme Court", und zwar in der Zeit der republikanischen Präsidenten, was ihn nicht zwingend objektiv machte. Geradezu eine Missachtung des toten Präsidenten war die Berufung von Allan W. Dulles, ehemaliger Chef der CIA, der Kennedy hasste, weil er ihn, den allmächtigen Chef der CIA „in die Wüste geschickt" hatte. Ihn, der gemeinsam mit seinem Bruder John Forster Dulles, Außenminister schon unter Truman, die CIA zum Instrument außenpolitischer Aktionen machte, die vor allem in Südamerika dafür sorgten, dass der USA nicht genehme demokratische Politiker gestürzt und an deren Stelle Diktatoren gesetzt wurden, die mit Willkür, Terror und Mord regierten. Aber sie standen fest und zuverlässig auf Seiten der USA. Warren und Allan Dulles waren im Sinne der Aufgabe absolut professionelle Akteure. Rein „zufällig" aber die einzigen. Die weiteren Mitglieder der Kommission kamen aus der Politik:

Senator John Sh. Cooper (Republikaner), Senator Richard B. Russell (Demokrat), Gerald Ford (republikanischer Kongressabgeordneter/ später Präsident), Hale Boggs (demokratischer Kongressabgeordneter) und James Jay Cloy (ehemaliger Präsident der Weltbank)

Zehn Monate lang untersuchte die Kommission alle relevanten Berichte, Protokolle u. a., befragte Zeugen und Sachverständige. Der Abschlussbericht, „Warren-Report" genannt, umfasste 850 Seiten. Das Gesamtmaterial bestand aus 26 Bänden.

Es war nicht wirklich überraschend, dass diese Kommission zu der Feststellung kam, dass Oswald den Mord völlig allein begangen hatte.

Der ganze Aufwand wurde letztlich nur betrieben, um zu belegen, dass in der Klärung der Schuldfrage mit äußerster Sorgfalt gearbeitet worden sei, obwohl in Wahrheit alle Indizien und Spuren, die von Oswald wegführten, konsequent ignoriert wurden.

Die eigentliche Aufgabe der „Warren-Kommission" bestand wohl vor allem darin, jeden Zweifel an der Integrität der Politik zu „widerlegen" und dem Misstrauen gegenüber der „Seriosität" der Geheimdienste CIA und FBI, wo nicht wenige Menschen zumindest die „Drahtzieher" des Attentats vermuteten, entgegenzutreten. Geheimdiensten, die nicht einmal davor zurückschreckten, den Präsidenten des eigenen Landes zu ermorden, hätten nur noch wenige Amerikaner vertraut. Es wäre ein politisches Desaster für die USA-Politik geworden, das um jeden Preis verhindert werden musste.

Nach wie vor sind die wahrscheinlich wichtigsten Dokumente und Aussagen als „top secret" eingestuft. Und das für weitere 40 Jahre.

Spurensuche

Die erste bedeutsame unübersehbare Spur ist bei der Vorbereitung der Fahrt Kennedys durch Dallas zu finden. Wie die Skizze auf Seite 163 zeigt, wurde die Route kurz vorher geändert. Warum? Es ist nicht auszuschließen, dass den Verantwortlichen suggeriert wurde, dass die geplante Route insofern ungünstig sei, weil die ursprüngliche Route an dieser Stelle durch unbebautes Gelände führte und somit weniger Menschen dort hätten Spalier stehen können. Aber diese Route war für ein Attentat denkbar ungeeignet, denn sie bot keinerlei Möglichkeiten, verdeckt auf den Präsidenten zu schießen und danach mit der notwendigen Sicherheit zu entkommen…

Die neue Route, die nun durch die Elm Street führte, war für ein geplantes Attentat geradezu ideal. Sie führte unmittelbar an dem Gebäude vorbei, aus dem dann geschossen wurde. Ein Gebäude, so groß, dass unzählige Sicherheitsleute erforderlich gewesen wären, um ein Attentat von da aus unmöglich zu machen. Zum anderen führte die Route auf der rechten Straßenseite an der durch einen Zaun abgegrenzten Böschung vorbei. Die Entfernung zur Elm Street dürfte wenig mehr als 50 m betragen haben. Ein tödlicher Schuss und eine schnelle Flucht, bevor das Gelände hinter dem Zaun eingesehen werden konnte, waren somit nahezu vollkommen gesichert.

Was zusätzlich beim Betrachten der Fotos und des Amateurfilms von Zapruder auffällt: Auf dem Gelände links von der Elm Street (in Fahrtrichtung gesehen) halten sich nur wenige Personen auf. Das Risiko, bei einem Fehlschuss einen Unbeteiligten zu treffen, war damit äußerst gering, was außerordentlich wichtig war, hätte doch der Tod eines Unbeteiligten an dieser Stelle später die Leugnung des von schräg vorn abgegebenen tödlichen Schusses auf Kennedy unmöglich gemacht, zumindest aber erheblich erschwert…

Geradezu abenteuerlich mutet der angebliche Weg der ersten Kugel an, die nicht nur den Präsidenten an Kopf und Knie traf, sondern danach den vor Kennedy sitzenden Gouverneur Connally im Rücken, an der Brust wieder austrat und ihn noch an Handgelenk und Bein verletzte.

Weitaus wahrscheinlicher ist, dass Kennedy von einer Kugel am Kopf getroffen wurde, die sich, weil von oben nach unten abgefeuert, oberhalb des Knies in sein Bein bohrte. Ein zweiter Schuss (also ein „Fehlschuss") traf Connally in den Rücken, die Kugel prallte bei ihrem Austritt auf einen harten Gegenstand und traf als Querschläger Connally noch an zwei weiteren Stellen.

Was für diese Hypothese spricht, ist nicht zuletzt der Umstand, dass ballistische Untersuchungen überhaupt erst nach der Verhaftung Oswalds erfolgt sein können. Und auch diese müssen nicht zwingend eindeutige

Beweise erbracht haben. Nicht jede abgefeuerte Kugel ist für eine beweiskräftige ballistische Analyse tauglich. Deformationen oder unsachgemäße Behandlung können diese unmöglich machen – falls die Untersuchungen wirklich objektiv ausgeführt worden sind, wovon angesichts der gesamten Umstände alles andere zwingend angegangen werden kann.

Als der sterbende Präsident im Hospital eintraf, galt die ganze Konzentration der Ärzte der Rettung des Lebens von Kennedy. Nach seinem Tod wurde der Leichnam des Präsidenten umgehend nach Washington geflogen. Unter Nichtbeachtung aller Pietät muss also festgestellt werden, dass die Kugel, die Kennedy auch am Oberschenkel traf und dort stecken blieb, mit großer Wahrscheinlichkeit gar nicht entfernt worden ist.

Die „Security" des Präsidenten war eindeutig viel zu weit vom Wagen des Präsidenten entfernt. Ein einziger Security-Mann hielt sich unmittelbar nahe dem Wagen auf, bis er sich auf Anweisung des Chefs der Leibwächter vom Auto entfernte. Kurz danach fielen die Schüsse. Allerdings ist nicht auszuschließen, dass es Kennedy selbst war, der, ohnehin im offenen Wagen fahrend, die Anordnung gab, dass sich seine Leibwächter nicht zwischen seinen Wagen und den Menschen an der Straße aufhalten sollten…

Zwischen den Schüssen erreicht der erste Security-Mann den Wagen des tödlich getroffenen Präsidenten. Ein Foto zeigt die verzweifelte Jackie Kennedy, wie sie auf das Heck des Wagens zu fliehen scheint, auf das gerade auch der erste Security-Mann gesprungen ist.

Erst 1990 beendete das Team der Security, das an diesem Tag Kennedy schützen sollte sein Schweigen. Ein Bericht über das Attentat, "The Kennedy Detail", wurde von Gerald Blaine verfasst, einem der Special Agents zum Schutze des Präsidenten an diesem Tag.

Aufschlussreich und klärend sind dabei, dass es der persönliche Leibwächter von Jackie Kennedy, Clint Hill, war, der als erster reagierte. Als der Präsident getroffen wird, springt Hill vom Trittbrett des hinter

Kennedys Wagen fahrenden Begleitfahrzeuges und versucht das Heck der Präsidentenlimousine zu erreichen. Er wird dabei fast von einem rechts fahrenden Begleitfahrzeug der Security-Männer angefahren, von dem aus Jack Ready versucht, Kennedys Wagen zu erreichen. „In diesem Moment fällt der dritte, tödliche Schuss. Jack Ready sieht eine ‚grausige Fontäne aus Gehirn, Knochen und Blut' aus Kennedys Kopf schiessen. (…) Clint Hill hat es es beinah geschafft, als er den dritten Schuss und Kennedys Kopf explodieren hört. (…).

Jackie klettert im Schock auf den Kofferraum und will Gehirnteile ihres Ehemanns einsammeln. Hill ergreift ihren Arm und stößt sie zurück auf den Rücksitz…"[13]

Diese Aussagen – alles, was den geschilderten Ablauf betrifft, ist filmisch dokumentiert –, sind ein weiterer wichtiger Beleg dafür, dass der dritte Schuss von vorn auf Kennedy abgefeuert wurde. Sie erklären den schrecklichen Grund, warum Jackie Kennedy in ihrer Panik auf das Heck des Wagens kletterte, statt sich im Auto zusammenzuducken, um sich vor weiteren Schüssen zu schützen.

Besondere Beachtung verdienen hier auch die Geschehnisse um den Amateurfilm von Abraham Zapruder, der mit seiner Kamera das Attentat festhielt. Obwohl nach den Schüssen auf Kennedy eine unübersichtliche Lage entstanden sein muss – die Aktionen der Security des Präsidenten, der davonrasende Wagen mit dem Sterbenden, die entsetzten Reaktionen der Zuschauer am Straßenrand – muss es zumindest einen Mann der Polizei oder des FBI gegeben haben, der Zapruder beim Filmen nicht nur gesehen hatte, sondern auch veranlasste, dass Beamte Zapruder folgten und ihm, kaum dass er zu Hause angekommen war, die Kamera mit dem noch unentwickelten Film wegnahmen.

---

[13] Webseite Basellandschaftliche Zeitung mit Datum vom 9.12.2010

Die Kamera bekam Zapruder zurück, den Film sah er erst einige Zeit später. Wer mit Film und Filmschnitt jemals zu tun gehabt hat, weiß, dass es fast unvorstellbare Möglichkeiten gibt, über Schnitte und Umstellungen, durch eine neue Montage des Materials oder das Herausschneiden von Bildern einen Film oder auch einzelne Sequenzen so zu manipulieren, dass buchstäblich das Gegenteil von den Inhalten des ursprünglichen Materials entsteht.

So hat definitiv niemand, außer den Bearbeitern, das Original von Zapruders Film gesehen.

Alles, nahezu alles spricht gegen die Einzeltäterschaft von Lee Harvey Oswald. So sah es auch der Staatsanwalt Jim Garrison, als er seine Ermittlungen aufnahm, die er über lange Zeit führte, um eigentlich zwangsläufig zu scheitern. Trotzdem beschreibt er in seinem Buch „Wer erschoß John F. Kennedy?" eine ganze Gruppe von Verdächtigen, die irgendwie alle miteinander verbunden sind.

Jim Garrison ist eine der wirklich tragischen Figuren in der Verschwörung gegen John F. Kennedy. Als redlicher Staatsanwalt war er an Gesetze und Vorschriften gebunden, das heißt, er konnte nur mit legalen Methoden ermitteln. Nur ein „Kronzeuge" hätte ihm aus diesem Dilemma helfen können. Alle, die zum Kreis der Verschwörer gehört haben könnten und von Garrison befragt wurden, hatten somit permanent alle Möglichkeiten, alles, was sie auf diesem Weg über Garrisons Anklage- oder Beschuldigungsgründe und über sein weiteres Vorgehen erfuhren, zu nutzen, um Strategien, Argumente und Alibis zu entwickeln, die eine Aufklärung völlig unmöglich machten. Im Grunde genommen waren sie Garrison stets mindestens einen Schritt voraus. Da er auf Indizien angewiesen war, denn Zugang zum „Warren-Report" hatte er nicht, traf er auf bestens präparierte Verdächtige…

Weitere Erkenntnisse

Mit Datum vom 16.11.1990 gibt es zum ersten Mal ein Geständnis eines der Todesschützen.

Roscoe White bekannte sich dazu, auf Kennedy geschossen und ihn getötet zu haben. Er sei von der CIA in die Polizei von Dallas eingeschleust worden, um das Attentat vorzubereiten und durchzuführen. Nach seiner Darstellung war Oswald tatsächlich nicht am Attentat beteiligt, außer dass er als „Sündenbock" vorgesehen war.

Auch wenn selbst ein solches Geständnis – White legte es kurz vor seinem Tode ab – keine wirkliche Beweiskraft haben kann, so fügt es sich doch ein in die Kette von Belegen und Indizien, die zu der zwingenden Schlussfolgerung führen, dass Kennedy Opfer einer Verschwörung wurde, bei der die CIA zumindest die treibende Kraft war.

Dafür stehen auch die die Informationen, dass Militär und CIA auf einem Area 51 genannten Gelände, genauer in einer Sperrzone, gegen die Sowjetunion mit modernsten Aufklärungsflugzeugen Luftspionage betrieben haben, die deshalb besonders erfolgreich war, weil diese Flugzeuge in unerreichbarer Höhe das Gebiet der Sowjetunion überflogen. Dass die USA auf diese Weise den „Hauptfeind" ausspionierte, war im „Kalten Krieg" selbstverständlich. Nach der „Kubakrise" lag Kennedy allerdings nicht daran, den gerade noch rechtzeitig beendeten Konflikt wieder zu verschärfen. Wer auch immer ihn auf Area 51 hingewiesen hat, am 12. November 1963 forderte der Präsident den CIA Direktor schriftlich auf, dass ihm die Unterlagen zu diesem Objekt zu Einsichtnahme zu übergeben seien[*]. Er konnte sie nicht mehr prüfen, denn am 22. November verstarb Kennedy in Dallas…

---

[*] nach „Welt der Wunder" Ausgabe 6/ 2011, Seite 22

Ein Blick in zeitgenössische Darstellungen

Für die konservative Presse war es von Beginn an selbstverständlich, dass Oswald der einzige Täter war. Verschwörungen und gar Attentate der ach so selbstlosen Geheimdienste CIA oder FBI wurden prinzipiell ausgeschlossen, selbst wenn es genügend Beweise gab. Das waren immer „kommunistische Machenschaften" oder böswillige Verleumdungen. Und Oswald war für diese Presse ein Kommunist, und damit waren alle anderen Umstände ohne Belang. Diese „stille" Verabredung galt in den USA wie in Westeuropa... Diese einseitige Betrachtungsweise hatte ihre tieferen Ursachen in der kritiklosen Bewunderung der USA als dem „Land der unbegrenzten Möglichkeiten", als Beschützer von Freiheit und Demokratie. Alles, was nicht in dieses Bild passte, wurde zumeist ignoriert bzw. wurde durch eine Art „stiller Übereinkunft" ausgeklammert. Die Rassentrennung oder auch der tiefe Generationskonflikt, der das Leben in den USA prägte, der mit Elvis Presleys ungebändigter Musik oder in den Filmen mit James Dean („...denn sie wissen nicht, was sie tun"/ 1955 oder „Jenseits von Eden"/ 1955) oder mit Marlon Brando („Endstation Sehnsucht"/ 1951 oder „Der Mann in der Schlangenhaut"/ 1960) thematisiert wurde, fand hier nicht statt. Dafür liebte man Doris Day und Rock Hudson.

Der „Feind" stand im Osten, den galt es mit allen Mitteln der Publizistik zu bekämpfen; also war jede auch noch so behutsame Kritik an der „selbstlosen" Schutzmacht im Grunde genommen tabu...

Kritische Journalisten sahen von Beginn an die Widersprüche, die unzulängliche Beweislage, die eindeutigen Mängel in der kriminaltechnischen Ermittlungsarbeit – soweit sie darüber schrieben, lebten sie gefährlich. Und nicht nur sie. Der US-Korrespondent der Zeitschriften „Horizont" und „Wochenpost", Joachim Joesten, dokumentiert in einem seiner Beiträge in den 60er Jahren die Namen von rund dreißig Personen, die irgendwie in Verbindung mit Oswald gestanden hatten, Zeugen, deren Aussagen im Widerspruch zur offiziellen Darstellung standen usw.

Es wurden nicht etwa alle ermordet – auffällig ist aber in jedem Fall der geringe zeitliche Abstand ihres Todes zum Tag der Schüsse von Dallas. So zum Beispiel die beiden Reporter, Hunter und Koethe, die an einem Treffen mit Ruby teilgenommen hatten: Der eine starb 1964 durch eine Polizeikugel, der andere wurde wenig später in seiner Wohnung erschlagen. Oder der Eisenbahnbeamte Lee Bowers, der von seinem Wachturm aus die Vorgänge auf dem Grasshügel einsehen konnte und aussagte, dort die Todesschützen gesehen zu haben: Er starb 1966 bei einem Verkehrsunfall. Zufall oder nicht?

Der CIA-Agent David Ferrie, der im Verdacht stand, am Attentat beteiligt gewesen zu sein, wurde in seiner Wohnung erschlagen aufgefunden. Sein Kollege Underhill verließ nach dem Attentat Washington, tauchte unter, am 8. April 1964 wurde er erschossen aufgefunden. Der Zeuge der Ermordung des Polizisten Tipit, Harold Russell, der darauf beharrte, dass der Mann, der Tipit erschossen hatte, nicht Oswald gewesen sei, wurde 1965 unter dubiosen Umständen von einem Polizisten mit dem Revolver erschlagen.

Bis heute ist noch nicht bekannt, ob beispielsweise die Männer der Security des Präsidenten von der „Warren-Kommission" gehört wurden und wenn ja, was sie damals ausgesagt haben.

Ob die oben genannten befragt wurden oder nicht, ist noch nicht zu beantworten und schon gar nicht, welche Bedeutung ggf. ihren Aussagen zugemessen wurde.

Das entscheidende Ergebnis der Arbeit der „Warren-Kommission", dass allein Oswald der Täter war, ignorierte ja bekanntermaßen alle Aussagen, die dieser Feststellung widersprachen…

Vielleicht ist in vierzig Jahren mehr zu erfahren, falls der „Warren-Report" dann – und zwar vollständig – freigegeben werden sollte.

Erschreckend, aber – spätestens nach den Ereignissen am 9.11.2001 und deren offizieller Aufarbeitung und Instrumentalisierung für den Irakkrieg und den Einmarsch in Afghanistan durch die US-Administration – alles andere als „überraschend" ist die Disziplin der Medienlandschaft im freiesten Land der Welt, die in diesen gravierenden Fällen strikt den offiziellen Versionen der Politik folgt. Ganz im Sinne der patriotischen, rechtsorientierten Amerikaner, nicht zuletzt in Militär und Wirtschaft und ihren Agitatoren.

Noch kein Präsident hat je ernsthaft Zweifel an diesen Versionen formuliert. Ein Akt eines US-amerikanischen Verständnisses von „political correctnes"?!

Gewaltloser Widerstand und Tod
Martin Luther King, Memphis, 4. April 1968

Auch nach dem Ende des II. Weltkrieges, in dem Tausende farbiger US-Soldaten gekämpft und für die Befreiung Europas und Südostasiens vom Faschismus und von den japanischen Aggressoren gefallen waren, blieb die Rassentrennung in den USA weiter bestehen. Besonders in den Südstaaten war sie von brutalen Repressionen gegen die farbigen Einwohner durch den Ku-Klux-Klan begleitet.

Den deutschen Faschismus hatten die Alliierten nicht allein aus militärischen Gründen bekämpft, ein weiteres Ziel von besonderer Bedeutung war, den Holocaust, der – begründet vom NS-Rassismus – zum planmäßigen Massenmord an den europäischen Juden, Sinti und Roma, von Gegnern des NS-Regimes wie auch von Homosexuellen führte, zu beenden, um diejenigen zu retten, die noch am Leben waren.[*]

Im konservativen Amerika der endvierziger und fünfziger Jahre war für die Politik und große Teile der weißen Bevölkerung eine Aufhebung der Rassentrennung trotz des Wissens um den Holocaust – schließlich hatte die USA einen beachtlichen Anteil jüdischer Mitbürger – unvorstellbar.

Mit dem zunehmenden Widerstand der farbigen Bevölkerung entwickelte sich eine Bewegung, die in dem Baptistenprediger Martin Luther King und seinen Weggefährten eine Führungsgruppe und -persönlichkeit bekam, die sich zum gewaltfreien Widerstand bekannte und diesen organisierte. Es wurde ein langer, schwerer Weg auch gegen staatliche Willkür und Polizeigewalt, bis Martin Luther King in seiner Rede zum Abschluss des „March on Washington for Jobs and Freedom" jene hoffnungsvollen Sätze sprach, die er mit „I Have a Dream" begann. Es war der 27. August 1963, als sich 250.000 Menschen, darunter auch 60.000 weiße Demonstranten vor dem Abraham-Lincoln-Monument versammelten.

---

[*] Die ungeheure Dimension und Systematik des Holocaust, wurde den Alliierten erst wirklich bewusst, als sie die ersten Konzentrationslager befreiten. Zuvor erschienen vielen die Berichte von geflohenen Häftlingen derart unvorstellbar, dass sie sie nicht zu glauben vermochten.

Martin Luther King am 27. August 1963

Im „Weißen Haus" bestimmte – noch – John F. Kennedy die Politik und er hatte sich grundsätzlich für eine Aufhebung der Rassentrennung entschieden, wusste aber, dass noch immer ein langer Weg bis zur Rassengleichheit zu bewältigen war.

Wenige Monate später wurde John F. Kennedy in Dallas ermordet. Lyndon B. Johnson, ein Repäsentant der konservativen Kräfte der Demokraten, übernahm die Präsidentschaft.

Der gewaltlose Widerstand musste weitergeführt werden, erschwert wurde er durch die verständliche Ungeduld unter der farbigen Bevölkerung, die zur Gründung von radikalen bis militanten Gruppierungen führte, etwa die „Black Muslims" oder die „Black Panters". Martin Luther King blieb aber der Mann, der die gewaltfreie Massenbewegung prägte, an vielen Demonstrationen nahm er selbst teil, wohl auch deshalb, weil das schier endlosen Warten, die scheinbare Vergeblichkeit der Demonstrationen den Widerstand schwächen könnte.

So auch im Jahr 1968, als sich Martin Luther King entschloss, an einer Demonstration in Memphis teilzunehmen. Auch deshalb, um die Demonstranten in der Einsicht von der Notwendigkeit eines gewaltlosen Widerstandes zu bestärken. Der Tag der Kundgebung war der 8. April.

Am 4. April befand sich Martin Luther King mit seinen engsten Begleitern Jesse Jackson und Ralph Abernathy auf dem Balkon seines Zimmers im Lorraine Motel, als ihn 18.01 Uhr ein tödlicher Schuss traf.

Es war – wie nicht anders zu erwarten – ein einzelner Täter, James Earl Ray, der schoss und entfliehen konnte, obwohl Beamte des FBI unmittelbar nach dem tödlichen Schuss zum Balkon eilten, wo der sterbende King lag.

Bevor der Frage nachgegangen wird, ob Ray nicht doch der nächste Lee Harvey Oswald war, ist es sinnvoll und notwendig, den Versuch zu unternehmen, ob und welche Gründe es gab, Martin Luther King zu ermorden.

Die Aufhebung der Gesetze zur Rassentrennung war im Grunde genommen nur noch eine Frage der Zeit – sowohl durch den jahrelangen, massenhaften gewaltlosen Widerstand, dem sich immer mehr weiße Bürgerrechtler angeschlossen hatten, als auch durch die internationale Wahrnehmung dieses Widerstandes, die es selbst einer Johnson-Administration unmöglich machte, die Entscheidung immer weiter hinauszuzögern. Schließlich galten die USA im westlichen Lager als „Hort der Freiheit und Demokratie"!

Angesichts der radikalen farbigen Gruppierungen, die sich demonstrativ gegen Martin Luther Kings Weg stellten, liegt nahe, dass mit dem Mord an Martin Luther King der Versuch unternommen wurde, die Befürworter und Anhänger des gewaltlosen Widerstandes derart zu provozieren, dass es zu schweren Unruhen, bewaffneten „Rachefeldzügen" kommen würde, die im Namen von „Law and Order" als Begründung dafür benutzt werden sollten, die Aufhebung der Gesetze zur Rassentrennung durch die US-Administration auf längere Zeit erst einmal auszusetzen.

Wie zu erwarten, kam es in den Tagen nach dem Mord in vielen Städten zu Unruhen, die mit Polizeigewalt beendet wurden, aber nicht zu einem durchaus denkbaren bürgerkriegsähnlichen Zustand führten.

In Memphis fand dann am 8. April der für diesen Tag geplante „Poor Peoples March" statt. Vier Tage nach Kings Ermordung führte seine Witwe, Coretta King, diese Demonstration an, die – im Sinne Martin Luther Kings – gewaltfrei verlief. Coretta King, Ralph Abernathy u. a. erreichten an diesem Tag und in der Folgezeit, dass der gewaltfreie Widerstand dominierend blieb und dass die Johnson-Administration sich letztendlich gezwungen sah, die Gesetze zur Rassengleichheit zu verabschieden.

Es konnte – nach dem Mord an John F. Kennedy – nicht wirklich überraschen, dass im Falle des ausgemachten Attentäters James Earl Ray bei der Aufklärung und Beweisführung Ungereimtheiten und unwahrscheinliche bzw. ungeklärte Vorgänge überwiegen.
Bis heute gibt es keinen ballistischen oder forensischen Beweis, dass Ray wirklich selbst geschossen hat[*]. Geht man davon aus, dass Ray ein Einzeltäter war, dann ist allein der Umstand, dass er sich genau zu dem Zeitpunkt, als King und seine Begleiter auf den Balkon traten, in einer Schussposition befunden haben muss, mehr als außergewöhnlich. Hatte er wirklich stundenlang in seinem Zimmer gewartet, ohne eine einzige Spur zu hinterlassen? Oder wusste er, durch wen auch immer, wann und wo sich King aufhielt, der ja ständig unterwegs war, um den Marsch vorzubereiten? Kein Einzeltäter ist in der Lage, den Tagesablauf seiner Zielperson zu überwachen (deshalb finden Attentate gegen einzelne Personen meist in öffentlichen „Räumen" statt, nur dort sind sie für einen Einzeltäter relativ sicher zu erreichen.)

---

[*] Spätere ballistische Untersuchungen sollen sogar den Beweis erbracht haben, dass mit dem Gewehr, welches Ray zugeordnet worden war, auf keinen Fall auf Martin Luther King geschossen wurde.

Ray, ein Krimineller ohne offenkundige Bereitschaft zur Gewalttätigkeit, muss nicht zwingend Rassist gewesen sein. Es dürfte nicht zu den charakteristischen Merkmalen von Kleinkriminelle gehören, dass bei ihnen rassistischer Fanatismus besonders ausgeprägt wäre. (Es sei denn, sehr zugespitzt formuliert, dass sie die Farbigen nicht mochten, weil bei ihnen nicht viel zu holen war.) Ebenso vermeiden typische Kleinkriminelle in der Regel den Gebrauch von Waffen. Typisch bedeutet hier, dass sie regelmäßig so genannte kleine Straftaten wie Diebstahl, Betrügereien oder Ähnliches begehen und zwischenzeitlich ihre Gefängnisstrafen absitzen. So etwa sah auch die kriminelle Laufbahn Rays aus.

Ray konnte entkommen und – obwohl er 1967 aus dem Gefängnis ausgebrochen war – gelang es ihm, alle Kontrollen überlistend, aus den USA zu fliehen. Zwei Monate später wurde er schließlich in London verhaftet. Auch wenn Ray nicht geschossen hat, wusste er als eventueller zufälliger Zeuge nur zu genau, dass er untertauchen musste, um nicht in die Sache hineingezogen zu werden. Wie aber schafft es ein Krimineller, gerade ausgebrochen und sicher mit wenig Geld ausgestattet, ein Land mit umfangreichen Sicherheitskontrollen zu verlassen, wo seit seinem Ausbruch nach ihm gefahndet wird, und woher hat er soviel Geld, dass er nach Europa fliehen kann?

Ist es wirklich abwegig festzustellen, dass Ray „Fluchthelfer" gehabt hat, die ein vitales Interesse daran hatten, dass sich Ray mit seiner Flucht zumindest nachträglich als der Täter geradezu verdächtig machte? Wer, wenn nicht die eigentlichen Täter kämen wohl dafür infrage?

Selbst wenn Ray rassistische Ansichten geäußert haben sollte, für ein offenbar eindeutig gezieltes und politisch motiviertes Attentat war er völlig ungeeignet, doch als Täter mit kriminellem Hintergrund umso „geeigneter".

Der einzige „Beweis" für seine Täterschaft war sein Geständnis, das er ablegte, als ihm klar gemacht wurde, dass er zum Tode verurteilt werden würde. Als „Gegenleistung" erhielt er „nur" lebenslänglich. Ray selbst hat bis zu seinem Tod darauf bestanden, nicht geschossen zu haben. Aber das interessierte lange Jahre niemanden mehr.

In der Beweisführung, nach der Ray schuldig gesprochen wurde, „fehlt" – zumindest in den publizistischen Beiträgen zum Tod Martin Luther Kings wie zur Verurteilung Rays – die ganz entscheidende Analyse der Ballistiker. Ray (soll) aus einem Fenster im 2. Stockwerk des Gebäudes geschossen haben, das dem Balkon, auf dem sich King und seine Begleiter aufhielten, gegenüber lag. Demnach muss er von oben nach unten geschossen haben. Also müsste der Schusskanal in Kings Körper von oben nach unten verlaufen. Eine Autopsie hätte das zweifelsfrei festgestellt.

Wurde eine Autopsie unterlassen oder nur oberflächlich durchgeführt, was bereits den Verdacht vorsätzlichen Handelns rechtfertigt, oder wurden ihre Ergebnisse unterschlagen? – Wenn ja, dann wäre dies zweifelsfrei vorsätzlich geschehen.

Da es Zeugen gab, die aussagten, dass der Schuss aus einem Gebüsch am Boden abgegeben wurde, macht deutlich, wie wichtig es gewesen wäre, die Autopsie mit Akribie durchzuführen, denn in diesem Fall wäre der Schusskanal im Körper von unten nach oben verlaufen.

Dann aber wäre Ray unwiderlegbar entlastet gewesen – hätte also schon zu diesem Zeitpunkt als erwiesenermaßen unschuldig gelten müssen.

Bliebe die Frage: gibt es überhaupt ein Protokoll der Autopsie, in dem auch der Verlauf des Schusskanals von Eintritt bis Austritt der tödlichen Kugel untersucht und dokumentiert worden ist?

Welche Bedeutung die Autopsie und das Protokoll noch Jahrzehnte später besaßen, belegen die nachfolgenden Vorgänge.

Ein Sheriff namens Jim Green soll später darüber Auskunft gegeben haben, dass er an einer Aktion, die vom FBI geführt worden sei und das Ziel hatte, King „auszuschalten", beteiligt gewesen sei. Nun kann das durchaus stimmen, aber solch eine Offenbarung entbehrt leider jeglicher Beweiskraft.

Erst 1997 – alle Versuche Rays, eine Wiederaufnahme seines Verfahrens zu erreichen, wurden zurückgewiesen – brachte ein Besuch des Sohnes von Martin Luther King, Dexter King, bei James Earl Ray eine neue Sicht auf Rays angebliche Täterschaft, weil die Familie King danach öffentlich den Vorwurf erhob, dass Martin Luther King Opfer eines von der Regierung veranlassten Attentats geworden sei.

Eine daraufhin erfolgende Untersuchung fand dann einen weiteren Verdächtigen namens Lloyd Lowers, der ein Restaurant in der Nähe des Tatorts geführt hatte. Lowers wurde schuldig gesprochen, als ihm nachgewiesen konnte, dass er genau zum Zeitpunkt des Mordes an Martin Luther King einen Killer angeworben hatte, dem er hunderttausend Dollar zahlte. (Dieser Killer wäre ergo dann der Mann, der aus dem Gebüsch am Boden auf Martin Luther King schoss.) Aber Ray verblieb weiter in Haft.* Die neuen Erkenntnisse führten nicht zu weiteren Ermittlungen. Es gab offenkundig kein Interesse daran, den angeblichen Mörder Kings zu rehabilitieren. So gilt Ray bis heute als der geständige Mörder Martin Luther Kings.

---

* Quelle: „Welt der Wunder", Ausgabe 5/ 2009, Seite 19

Warum starb Malcolm X?

Am 21. Februar 1965 wurde Malcolm X, der sich seit 1964 El Hajj Malik el-Shabazz nannte, bei einem Vortrag von farbigen Attentätern auf offener Bühne buchstäblich hingerichtet.

Malcolm X bewegte sich in seiner Jugendzeit im kriminellen Milieu New Yorks; als Drogensüchtiger und Einbrecher verhaftet, wurde er 1946 zu zehn Jahren Gefängnis verurteilt. Danach ging er nach Detroit und schloss sich der Bewegung „Nation of Islam" an, wo er auf Grund seiner rhetorischen Begabung und Entschlossenheit bald eine führende Stellung einnahm. Malcolm X profilierte sich auch als einer radikalsten Kritiker Martin Luther Kings und des gewaltlosen Widerstandes. 1964 trennte er sich im Zwist von der „Nation of Islam", unternahm eine Pilgerreise nach Mekka und reiste durch einige afrikanische Staaten. In die USA zurückgekehrt, gründete er die „Organisation für afroamerikanische Einheit" (OAAU).

Die Aktivitäten des Malcolm X und der Umstand, dass er von zumindest einem farbigen Mitstreiter, dem 22jährigen Thomas Hagan, und zwei nicht genannten Männern hingerichtet wurde, verweisen – völlig unabhängig von seiner kriminellen Jugendzeit – deutlich darauf, dass Malcolm X sehr wahrscheinlich mit den US-Geheimdiensten kooperiert hat oder ein bezahlter Agent gewesen ist. Als er – wie auch immer – enttarnt wurde, folgte zwangsläufig seine Hinrichtung als Verräter. Auffällig ist der enge zeitliche Zusammenhang zwischen seinen Reisen (die wohl von der CIA finanziert wurden) und der Gründung der OAAU. (Diese war mit großer Wahrscheinlichkeit als eine von der CIA geführte Organisation zur Beschaffung von Informationen über die Widerstandsbewegungen in Afrika gegründet worden.) und der eindeutig geplanten Ermordung von Malcolm X. In seiner Rolle als „agent provocateur", der Konflikte im Widerstand gegen die Rassentrennung schüren sollte, wurde er nicht mehr gebraucht, da mit den „Black Panthers" oder der „Black Power"-Bewegung radikale Gruppen an Einfluss und Anhängern gewonnen hatten, die die farbigen Gegner Kings und seines gewaltlosen Widerstandes vereinten.

Mit der „Black Power"-Bewegung solidarisierten sich auch bekannte Persönlichkeiten. Unvergessen für alle Augenzeugen blieb die Siegerehrung zum 400m-Lauf der Männer während der Olympischen Sommerspiele 1968 in Mexiko, als die farbigen US-

amerikanischen Läufer Tommie Smith (Sieger) und John Carlos (3.) auf dem Siegerpo-
dest standen und mit schwarzen Handschuhen die geballte Faust nach oben streckten,
auf diese Weise vor den Augen der internationalen Sportwelt den Gruß der „Black
Power"-Bewegung entbietend. Beide Athleten wurden umgehend aus der Olympiamann-
schaft der USA ausgeschlossen…

Der Tod als Begleiter der Kennedys
Die Ermordung Robert F. Kennedys am 6. Juni 1968

Robert F. Kennedy, der jüngere der beiden Brüder, gehörte als Justizminister zur Regierungsmannschaft von JFK. Er war einer seiner wichtigsten Berater, nicht zuletzt in den Wochen der Kubakrise, und führend an der „Entmachtung" der CIA beteiligt.

Nach der Ermordung seines Bruders verblieb er im Kabinett von Lyndon B. Johnson, verließ es vor der kommenden Präsidentenwahl 1964. Er kandidierte stattdessen für das Amt des Senators des Staates New York, gewann die Wahl und zog in den Senat ein. In den Folgejahren bis 1968 gehörte er zu den prominenten Kritikern des Vietnamkrieges. In Fragen, die die Ermordung seines Bruders betrafen, verhielt er sich äußerst zurückhaltend. Nach längerem – von vielen Anhängern mit Enttäuschung betrachteten – Schweigen zu einer Kandidatur für das Amt des Präsidenten, entschied er sich dann doch, als Kandidat der Demokraten im Wahlkampf anzutreten. Sein innerparteilicher Kontrahent war nicht etwa Johnson, sondern der Senator Eugene McCarthy, ebenfalls ein Kritiker des Vietnamkrieges…

Seine ersten Auftritte als Kandidat verliefen über alles Erwarten erfolgreich. Es wäre aber zu einfach, diese Wirkung allein der Ermordung seines Bruders zuzuschreiben. Es gab nicht wenige „Insider" die in Robert F. Kennedy den fähigeren Politiker sahen. Seine Ablehnung der Rassentrennung war eindeutig.

Sowohl die aggressiven Vertreter des „industriell-militärischen Komplexes" als auch die CIA mussten wieder befürchten, dass Robert F. Kennedy sich ihren Plänen und imperialen Strategien entgegenstellen würde. Somit wären nicht nur ihre Strategien und ihre Manipulationen, mit denen das militärische Eingreifen der USA im Vietnamkrieg „begründet" worden war, gefährdet gewesen – sie wären möglicherweise sogar enthüllt worden. Die Ermordung John F. Kennedys, die den Weg für diese Politik freimachte, wäre „umsonst" gewesen. Und Robert F. Kennedy als Präsident und ehemaliger Justizminister hätte alle Möglichkeiten gehabt, die wahren Umstände des Attentats von Dallas aufzuklären.

Also musste rasch gehandelt werden, denn einen zweiten Präsidentenmord innerhalb von fünf Jahren konnten diese Kräfte nicht riskieren.

Am 6. Juni 1968 fand im „Ambassador-Hotel" in Los Angeles eine Vorwahl statt. Sie endete mit einem überraschend klaren Erfolg Robert F. Kennedys. Gegen Mitternacht wollte er sich zu einer Pressekonferenz begeben. Warum auch immer führte ihn sein Weg durch die Küche des Hotels; begleitet von einer Gruppe seiner Mitarbeiter, betrat er das unübersichtliche Küchenrevier, die vorherrschende Enge drängte die Menschen zusammen. Robert F. Kennedy sprach kurz mit Romero, einem lateinamerikanischen Küchenjungen, dann fallen die Schüsse.

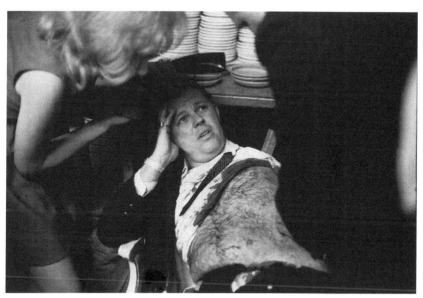

Der tödlich getroffene Robert F. Kennedy, seine Frau Ethel beugt über den Sterbenden

Tödlich getroffen fällt Robert F. Kennedy zu Boden. Romero, der Küchenjunge, kniet eben ihm nieder und legt seinen Rosenkranz auf den Sterbenden, bevor Ethel Kennedy sich verzweifelt über ihren Mann beugt...

Noch am Tatort wurde ein Mann festgenommen – sein Name Sirhan Sirhan –, der mit einer Pistole auf Kennedy geschossen hatte. Er stand – deutlich erkennbar an seiner auffällig hellen Kleidung – vor Kennedy in einer Menschengruppe. Wie war er – obwohl schon dadurch auffällig genug – inmitten der Begleiter Kennedys unbeachtet in die Küche gekommen? Oder war er vielleicht schon dort, nachdem er einen „Hinweis" bekommen hatte, welchen Weg Kennedy gewählt hatte?
Aber das war nur der Auftakt zu einem unglaublichen Verwirrspiel, das dieser Verhaftung folgte. Sirhan schoss mit einer Pistole, die mit acht Patronen geladen werden konnte. Obwohl er während der Schüsse behindert wurde, konnte er alle acht Schüsse abfeuern, jedoch mit Sicherheit nicht wirklich gezielt. Gefunden wurden aber 14 Patronenhülsen, mindestens 6 Schüsse konnten somit nicht von Sirhan abgegeben worden sein. Trotzdem wurde nie ein zweiter Schütze gefunden, im Grunde genommen auch niemals wirklich gesucht...

Damit ist das Schreckenszenarium noch längst nicht am Ende. Der Gerichtsmediziner Thomas Ngoguchi und der Polizeiexperte DeWayne Wolfer stellen bei der Untersuchung des Toten fest, dass Kennedy aus nächster Nähe von drei Schüssen getroffen wurde. Die tödliche Kugel wurde traf ihn in der Nähe des Ohres. Alle drei (respektive vier) Kugeln trafen Kennedy im Rücken. Sirhan schoss eindeutig von einer Position vor Kennedy stehend, kann ihn also nach diesem Befund überhaupt nicht getroffen haben. Dafür wurde Paul Schrade, ein Mitarbeiter Kennedys, der vor ihm stand, von einer Kugel getroffen und verwundet, die zuvor Kennedys Schulter getroffen hatte... Er war nicht der Einzige, der von einer Pistolenkugel getroffen wurde, spätere vergleichende ballistische Untersuchungen kamen zu dem Ergebnis, dass die untersuchten Patronen aus zwei Pistolen des gleichen Typs stammten.

Was oder wer auch immer Sirhan Sirhan[*] bewogen hat, auf Robert F. Kennedy zu schießen – als Attentäter hatte er jedenfalls einen „überzeugenden" Hintergrund. Er war Palästinenser und mit 12 Jahren in die USA gekommen. Die USA waren der wichtigste Verbündete Israels im Konflikt mit arabischen Staaten und den Palästinensern. Das ließ sich als „einleuchtendes Motiv" gut präsentieren. Dass es da ganz und gar militantere Politiker gab, war dabei kein Hindernis. Sirhan Sirhan blieb bei den Verhören unbeirrt bei seiner Version, dass er sich nicht daran erinnern könne, geschossen zu haben. Er wurde zum Tode verurteilt. Mit der Abschaffung der Todesstrafe wurde das Urteil in lebenslänglich umgewandelt.

In den weiteren Ermittlungen wurde darauf „verzichtet", anderen Spuren nachzugehen. Der Bericht eines Polizisten, Paul Scharaga, dem ein Ehepaar berichtet hatte, dass es ein flüchtendes Paar gesehen hätte, verschwand und blieb später unbeachtet.

Zugegeben – Zeugenaussagen, gerade in einer solchen extremen Situation, müssen nicht zwingend absolut zutreffend sein. Aber auch die Aussage einer weiteren Zeugin, die das Gleiche zu Protokoll geben wollte, wurde offenkundig verhindert.

---

[*] Zur Biographie Sirhans gibt es immens abweichende Angaben: Demnach soll er bereits mit 4 Jahren in die USA gekommen sein. 1957 ging er zurück nach Jordanien und heiratete dort. Danach reiste er wiederholt nach Vorderasien, lebte 1964 sieben Monate (wahrscheinlich) in Jordanien und Syrien, kehrte 1966 erneut zurück – so berichtet vom Londoner „Evening Standard" vom 13. Juni 1968. Das US State Department fühlte sich sogar zu einem Dementi veranlasst. Wie in einer Reihe vergleichbarer Vorgänge liegt nahe, dass Sirhan sich alles andere als privat in diesen Ländern, Brennpunkten der Konflikte in Vorderasien, aufhielt.

Auch die Vermutung, dass Sirhan beim Attentat auf Kennedy mit Drogen manipuliert oder gar hypnotisiert gewesen sei, ist nicht unbedingt irrig. Schließlich schoss Sirhan alle acht Schüsse aus seiner Pistole ab, ohne aber Kennedy, der wenige Meter von ihm entfernt stand, tödlich zu treffen. Dafür schlugen einige Kugeln in die Wände ein. Sirhan muss also „wild um sich geschossen haben".

Bleibt die Frage, wie es möglich war, dass die mit der Aufklärung beauftragten Polizisten angesichts der widersprüchlichen Beweislage, die gegen den Einzeltäter Sirhan Sirhan sprach, sich derartig verhalten konnten.

Es ist wirklich nicht besonders schwierig, Gründe dafür zu benennen. Da wäre der Befehl oder die Anweisung, im Interesse von „Ruhe und Ordnung" und im Interesse der USA dafür zu sorgen, dass „unnötiges" Aufsehen zu vermeiden sei. Sozusagen als patriotischer Auftrag. Fatal gut zu begründen ausgerechnet mit der Ermordung John F. Kennedys. Alle, die nach diesen „Richtlinien" arbeiteten, machten sich damit mitschuldig der Lüge, der Unterschlagung von Beweisen, der Behinderung der Festnahme von ein oder zwei Mördern; ihr Gewissen konnten sie damit beruhigen, dass sie das alles im „Interesse des Vaterlandes" getan hatten. Sie hätten sich – falls sie sich offenbart hätten – selbst anklagen müssen. Und es wäre ein Leichtes gewesen, sie, die ja an einem stringenten Betrug mitgewirkt hatten, als unglaubwürdige Lügner zu diskreditieren, die sich nur wichtig machen wollten. Obendrein entsteht in solchen Fällen zwangsläufig eine bestimmte Form der Gruppendynamik, das heißt, die Beteiligten sind als Mittäter aufeinander angewiesen und keiner sieht eine Möglichkeit, aus diesem Gruppenzwang auszubrechen.

Der Leiter der Untersuchung, Michael Nielsen, gab dazu ein Statement ab: „Man wollte keine solche verfahrene Situation wie damals in Dallas haben, wo es im Nachhinein viele Spekulationen gab"*

Nach verschiedenen Quellen, wurde ein Großteil des Beweismaterials – entgegen aller normalen juristischen Dokumentations- und Aufbewahrungspflicht – ausgerechnet in diesem Fall, der von außergewöhnlicher Bedeutung war, vernichtet.

Am Ende belegen diese drei Attentate besonders auffällig eine Grundtendenz der gegensätzlichen Auswirkungen politisch motivierter Attentate:

---

* Quelle des Zitats – „wikipedia"

Die eine Tendenz ergibt sich aus Attentaten, bei denen Persönlichkeiten ermordet werden, die für eine progressive Entwicklung stehen: Menschlichkeit, Frieden, Gewaltfreiheit, Demokratie bestimmen – wenn auch mit durchaus unterschiedlicher politischer Motivation – ihr Handeln. Werden diese Persönlichkeiten Opfer von Attentaten, dann wird die Entwicklung in diesem Sinne in der Regel nicht nur beendet, sondern grundlegend verändert, zumindest aber erheblich negativ beeinflusst.

Für diese Tendenz stehen Namen wie Abraham Lincoln, Jean Jaurès, Walter Rathenau, Mahatma Gandhi, Olof Palme, Ytzak Rabin ebenso wie die beiden Kennedys; Martin Luther Kings Ermordung konnte – eine der wenigen Ausnahmen – die Gesetze zur Rassengleichheit nicht mehr verhindern.

Attentate auf Tyrannen, Selbstherrscher und erklärte Feinde jeden Fortschritts – gleich ob sie gelangen oder nicht – brachten hingegen fast immer die Verschärfung der Willkür, der Repressionen oder das Wüten einer mörderischen Justiz.

So war es auch nach den Attentaten auf Zar Alexander II., auf Lenin, nach dem Attentat auf Adolf Hitler am 20. Juli 1944 und auf andere.

Eigenartig ist außerdem, dass Attentate in dieser Richtung zumindest den Eindruck hinterlassen, dass sie häufig misslingen. Ob das auch statistisch zu beweisen ist, muss offenbleiben, weil die Beurteilung, ob es sich um ein Attentat oder eine Hinrichtung im Auftrag der herrschenden Mächte handelt, nicht selten völlig unterschiedlich ausfällt wird

V. Oslo, 27. Juli 2011

Deutschland 1999 – 2011

Ein Mann fährt nach Oslo, sein Auto ist vollgepackt mit Sprengstoff, er wird es im Regierungsviertel abstellen. Die Wucht der Explosion ist von unglaublich zerstörerischer Kraft. Ganze Straßenzüge werden beschädigt. Zwölf Menschen sterben. Doch der Mann ist nicht auf der Flucht. Er ist unterwegs zu der Insel Utøya, 40 Kilometer von Oslo entfernt. Auf der Insel befindet sich ein Sommerlager der sozialdemokratischen Jugendorganisation. Als Polizist verkleidet lässt sich der Mann auf die Insel bringen. Dort lässt er die Lagerteilnehmer zusammenkommen und eröffnet mit seiner automatischen Waffe das Feuer. Eine Stunde lang tötet er jeden, der ihm vor das Visier kommt, wahllos, aber mit kalter Systematik. Er erschießt am Boden Liegende, wenn sie noch ein Lebenszeichen geben, er schießt auf jene, die ins Wasser flüchten konnten. Als die Polizei ihn schließlich stellen kann, hat er mehr als sechzig Menschen, die meisten von ihnen sind Jugendliche, hingerichtet.

Er ist Norweger, der Mann, der einen der brutalsten Anschläge im Europa der jüngeren Zeit verübt hat. Beide Anschläge hat er, wie sich herausstellen wird, lange geplant und vorbereitet. Er mordete nicht, wie bei Terroristen sonst bekannt, mit Bomben, er mordet mit der Waffe, die er direkt auf seine Opfer richtete. Er will der Henker sein, der Richter…
Am gleichen Tag hat er eine mehr als tausend Seiten umfassende Schrift ins Internet gestellt. Seine Begründung für das Morden: Er sieht sich als Retter Europas vor der Islamisierung, vor dem Kulturmarxismus, bekennt sich zum Rechtsextremismus. Und er erwartet von den Medien, dass sie ihn „dämonisieren".
Er lässt sich – auch das gehörte wohl zu seinem Plan – widerstandslos festnehmen. Er kennt die Medien und ist sich sicher, dass er in allen Schlagzeilen stehen wird, dass Norwegen schockiert ist, das er Schrecken

verbreitet hat, der ja ein medial besonders wichtiges Thema ist. Das möchte er unbedingt selbst sehen und hören.

Doch die Norweger überwinden den Schock des Unfassbaren. Sie trauern gemeinsam um ihre Toten, vom Ministerpräsidenten bis zu den Kindern. Und sie geben nicht nach. Die Unruhe, die der Mörder erhofft und gewollt hatte, bleibt aus. Die Justiz lässt ihn nicht „teilhaben" an der Berichterstattung der Medien, der publizistischen Aufarbeitung dieses entsetzlichen Tages. In der Isolationshaft wird er davon nichts mitbekommen.

Auch wenn es in diesem Fall ein so genannter Einzeltäter war – der Mörder hatte eine politische Motivation, die einen umfassenderen politisch extremen Hintergrund besaß, auf den er sich direkt berief: die zunehmenden rechtsextremistischen Bewegungen in Europa mit ihren verschiedenartigen Erscheinungsformen.

Auch wenn sein Vorgehen eindeutig ein Amoklauf war, so muss dazu festgestellt werden, dass es allerdings kein Amoklauf war, der von persönlichen Motiven (Rachsucht, Kränkungen, Missachtung und unvermeidlich das auf sich aufmerksam machen Wollen, eben um diesen Preis) ausgelöst wurde, sondern ein Amoklauf, der von politischen Motiven bestimmt wurde, die in der Öffentlichkeit über Jahre kontrovers diskutiert werden. Es geht um Terrorismus, Anti-Islamismus, um Integration oder Ausschluss, um reale und geschürte Ängste, um eine fremdenfeindliche Haltung, die sich eben auch im Rechtspopulismus und Rechtsextremismus organisiert und Einfluss auf die Gesellschaft und die öffentliche Meinung nimmt – bei zunehmender Gewaltbereitschaft. Wenn die Gegenbewegung nicht vehement Position bezieht, dann ist eine Entwicklung nach rechts schwer einzudämmen und schon gar nicht zu eliminieren. Das ist definitiv keine Frage einer immer umfassenderen Überwachung im Namen der inneren Sicherheit. Diese kann keinen gesellschaftlichen Konsens gegen die Gefahren des Rechtspopulismus und –extremismus ersetzen.

Vom Undenkbaren und von unfasslichen Taten – Deutschland 1999 – 2011

Was ist denn schon dabei, wenn Ende der 90er Jahre drei stadtbekannte Rechtsextremisten untertauchen? Was stört da, wenn sie sich nicht einmal mit ihren Eltern in Verbindung setzen? Dachte man gar, sie wollten Buße tun und unter neuem Namen in einer karitativen Einrichtung nur noch gute Taten vollbringen?

Was macht es da schon, wenn die Zahl rechtextremer Anschläge mit Todesopfern oder Schwerverletzten seit Jahren ein eindeutiger Tatbestand ist?

Schließlich wird das im Unterschied zum „Dauerthema" Migranten vor und nach Sarrazin eher selten in der Öffentlichkeit thematisiert. Und der Staat schützt die Aufmärsche von Neonazis vor antifaschistisch eingestellten Bürgern, damit ja kein Blut fließt.

Hingerichtet Migranten, Türken und andere Muslime, das können ja nur Ehrenmorde sein, auch Schutzgelderpressung käme in Frage oder Streitigkeiten zweier Clans. Deutsche, auch rechtsextremistische, – wo käme man da hin, wenn der Anfangsverdacht diese mit in Rechnung stellen würde (siehe oben).

Und nun das: diese drei spurlos, unauffindbar untergetauchten Rechtsextremisten, die in der Jenaer Szene bekannt genug waren, ziehen seit Jahren durch die Republik, richten am hellerlichten Tage Inhaber türkischer Imbissstände, Spielhallenbesitzer und eine junge Polizistin hin, die ausgerechnet noch aus Thüringen stammt.

Und gefasst werden sie, wenn auch zwei nur noch tot, nachdem sie sich selbst erschossen haben, weil ein aufmerksamer Bürger den entscheidenden Hinweis auf das Wohnmobil gibt, in dem sich die beiden nach einem Banküberfall verbergen wollten. Derweil fliegt in Zwickau ein Stockwerk in die Luft, d. h. korrekt, es wird in Brand gesteckt und so brauchen die

Staatsschützer nicht einmal lange nach dem entscheidenden Beweismaterial zu suchen. Sie bekommen es buchstäblich geliefert.

Es gibt viele und sehr berechtigte unangenehme Fragen an die zuständigen Behörden – Innenministerien, Verfassungsschutz und Bundesnachrichtendienst, warum nach so vielen Debatten um die Datenspeicherung unter Aufhebung des Schutzes der Persönlichkeit, keine Daten über drei untergetauchte Rechtextreme, über Netzwerke und Kommunikationsformen erfasst wurden, warum eindeutig neofaschistische Videos hergestellt und versandt werden konnten?

Ist es nicht eigentlich unvorstellbar, dass ausgerechnet so genannte V-Leute aus der rechten Szene, also Rechtsextreme, die dafür vom Verfassungsschutz gut bezahlt werden, damit sie Informationen liefern, die „Hauptinformationsquelle" sind. Rechtsextreme als „Zeugen" in eigener Sache.

Das ist schon mehr als zweifelhaft. Aber kam denn niemand von diesen „Profis" darauf, dass diese V-Leute nicht von ihnen geführt wurden, sondern zu Teilen in Wahrheit im Auftrag ihrer Gruppen für den Verfassungsschutz arbeiteten? Rechtsextreme neigen nun mal dazu, mit wirklichen „Verrätern" kurzen Prozess zu machen. So entwickelte sich ein mehr als dubioses Geschäft – die V-Leute lieferten Informationen, die im Grunde genommen auch von Besuchern eines Treffens mit einschlägiger Musik in Erfahrung zu bringen gewesen wären, und der Verfassungsschutz finanzierte die Gruppen (Einer dieser V-Männer in Thüringen soll es auf 100.000 Euro gebracht haben).

Was steckt nun wirklich hinter diesen Vorgängen? Wer und warum hat hier gravierende Versäumnisse zu verantworten? Es kann doch – angesichts der Gefahren, die vom Rechtsextremismus ausgehen – nicht allein an Zufälligkeiten, Schlampereien, Versäumnissen gelegen haben – schließlich haben die zumeist ernst zu nehmende Ursachen und Gründe…

Im Sommer wusste der Innenminister der BRD nach 24 Stunden, dass der Mörder von Oslo und Utøya keine Verbindung zu rechtsextremistischen Kreisen hierzulande gehabt habe. So schnell kann man in der Regel nur dann Auskunft geben, wenn man über Erkenntnisse verfügt. Es klang eher danach, dass die deutschen Rechtsextremen so gefährlich nicht wären, wie der norwegische Mörder. Aber da wusste offenkundig noch keiner etwas darüber, wie gefährlich Rechtsextreme auch hierzulande sein können.

Gesetze sind das eine, aber um vieles wichtiger ist eine öffentliche Debatte über und eine politische Gemeinschaftsaktion gegen Rechtsextremismus, in der die politische Führung klar und unmissverständlich Position bezieht. Auch und nicht zuletzt wegen der Toten und denen, die gefährdet sind. Es waren Morde an Migranten, keine so genannten „Dönermorde", denn ‚Döner' kann niemand ermorden. Nur ein sprachlicher Lapsus?

Es ist keine Nebensache!

Das Argument, dass Amokläufer, die aus psychischen Verletzungen und in ihrer Persönlichkeit aufs schwerste gestört sind, am Ende ihrer Bluttat sich selbst töten, wenn sie nicht zuvor von den Sicherheitskräften erschossen werden, hat eine gewisse Berechtigung. Denn Amokläufer, wie der kaltblütige Mörder auf Insel Utøya sind offensichtlich anders motiviert, obwohl ihr Vorgehen dem der anderen Amokläufer zu gleichen scheint. Sie morden mitleidlos und ebenso wahllos, auch wenn zu dem Ort der Tat eine bestimmte Beziehung bestehen kann.

Dieser politisch motivierte Amoklauf endete deshalb nicht mit dem Selbstmord, weil der Amokläufer sich mit seiner „Mission" öffentlich machen wollte. Und um diese Resonanz erleben zu können, ergab er sich widerstandslos, um zu überleben. Aber das ändert nichts an der Feststellung, dass es sich um einen Amoklauf gehandelt hat, bei dem nur zählte, möglichst viele Menschen zu töten, weil der Täter davon ausging, dass je höher die Zahl der Opfer ist, um so größer die öffentliche und mediale Aufmerksamkeit ausfallen würde.

Die drei Rechtsextremisten waren keine Amokläufer. Sie tauchten unter und planten ihre Morde sorgfältig und töteten kaltblütig. Und sie verbargen sich danach weiter mit größter Sorgfalt. Es gab keine Bekennerschreiben oder anderes, mit dem sich die unbekannten Mörder zu ihren Taten bekannten.

Als sie untertauchten, verließen sie offenkundig die alltägliche rechtsextremistische Szenerie mit ihrem endlosen Gerede und ihren Hierarchien. Das genügte ihnen nicht.

Ihr Vorgehen hat nur eine einzige vergleichbare Szenerie in den Anfangsjahren der „Weimarer Republik" – die Geheimorganisationen jener Jahre, wie die bekannteste von allen, die „Organisation Consul". Es war die Zeit der „Fememorde" – Opfer waren Politiker wie Rathenau oder Erzberger, wie auch namenlose als Linke bekannte Arbeiter oder Bauern.

Die mit dem Fememord beauftragten Mitglieder führten ihren Auftrag aus, um danach umgehend wieder unterzutauchen; Fememorde sollten auch Angst verbreiten. Und dazu mussten die Täter unbekannt bleiben, nicht nur zu ihrem „Schutz", sondern ebenso um den Eindruck zu erwecken, sie wären überall...

Diesen Morden und dem Vorgehen der Täter entspricht im Kern das Vorgehen der so genannten „Zwickauer Zelle" und ihrer Helfer.

Angesichts der Begleitumstände von Amokläufen der jüngeren Zeit stellt sich immer nachdrücklicher die Frage nach Sinn und Folgen einer virtuellen Welt, in der Gewalt als Thema von „Spielen" jedem zugänglich ist.

In den bekannten Umständen dieser Amokläufe sind derartige „Spiele" immer Teil ihrer „Vorbereitung".

Sterben auf der Leinwand und virtuelles Töten

Seit Jahrzehnten wird auf der Kinoleinwand gestorben. Ein dafür prädestiniertes Genre war der Western. Solange in diesen Filmen der Kampf des Guten gegen das Böse thematisiert wurde, gehörte das Pistolenduell, der Showdown, zu den unverzichtbaren Ingredienzien dieses Genres. In vielen Western war es lange Jahrzehnte üblich – und selbst bedeutende Regisseure machten da keine Ausnahme –, die Indianer als heimtückische, grausame und primitive Horde darzustellen, die es zu liquidieren galt. Und nur wenige störten sich daran, dass hier eine Verfälschung der amerikanischen Geschichte ganz selbstverständlich zelebriert wurde, denn es waren nun mal die Weißen, die den

Indianern alles nahmen und sie mit aller Härte bekämpften, dezimierten und in Reservate sperrten.

Seit einigen Jahrzehnten hat ein Naturalismus bei der Darstellung von Grausamkeiten, den Schreckensbildern brutaler Wesen und alptraumhafter Abläufe, im Film Einzug gehalten. Sowohl die neuen, unbegrenzten technischen Gestaltungsmöglichkeiten, als auch die profitablen Einspielergebnisse dürften dafür ursächlich verantwortlich sein. Aus ethischer und ästhetischer Sicht ist zweifellos die Darstellung von Brutalität, Grausamkeit und blinde Vernichtungswut als Selbstzweck verantwortungslos und mit dem Zwang verbunden, dem interessierten Zuschauer – um ihn als zahlenden Kunden zu behalten – immer härtere „Kost" vorzusetzen.

Dass damit die Gefühlswelt mancher Zuschauer destruktiv beeinflusst wird, dürfte kaum bestritten werden. Allerdings dürfte es – von Ausnahmen abgesehen – keine linearen Zusammenhänge zwischen Kinoerlebnis und beispielsweise brutaler Kriminalität geben. Aber auch eine indirekte Beeinflussung psychisch labiler oder gefühlskalter Menschen sollte eigentlich nicht die Aufgabe eines Films sein, auch wenn man damit – wie auch mit anderen „Genres" – viel Geld machen kann.

Doch der Kinofilm unterscheidet sich stringent von dem, was als virtuelle Welt bezeichnet wird. Zum ersten: im Kino betrachtet der Zuschauer eine wüste Schießerei mit zahllosen Toten, aber nicht er selbst zielt auf ein Opfer, und er drückt auch nicht selbst ab… Zum zweiten: der Kinozuschauer verlässt am Ende des Films den Raum, in dem ihm der Film präsentiert wurde, und begibt sich wieder in die Realität des Alltags! Je nach individueller Disposition kann er sich am Sieg des Guten über das Böse erfreuen, dem Sieg der Gerechtigkeit oder mit dem unglücklichen Helden mit-leiden, er kann den Mut des Helden bewundern, ebenso den Schauer der Horrorszenarien empfinden wie auch genießen…

Wer sich in die virtuelle Welt begibt, ist durchaus aktiv, denn jeder entscheidet, was er in dieser Welt in den nächsten Stunden erleben möchte. Eine der sicher am meisten verbreiteten Formen dürften die virtuellen Spiele sein. Natürlich gibt es auch hier ein breites Angebot an unterschiedlichen Inhalten. Aber zweifellos gibt es ein umfangreiches Sortiment von Spielen, in denen es um Gewalt, Morden, tödliche Verfolgungsjagden, irdische und galaktische Kriege usw. usf. geht. Die optische Gestaltung ist unglaublich perfekt geworden, besitzt eine immense Faszination. Und der Spieler ist hier nicht mehr nur Zuschauer, sondern der Akteur, der alle seine Fähigkeiten aufbietet, um seine Gegner, mit welchen Waffen auch immer, zu vernichten, zu erschießen, sie von Waffen zerfetzen zu lassen – und selbst wenn der oder die Gegner (Menschen, Monster, Außerirdische etc.) am Boden liegen – solange sie sich noch bewegen, werden sie hingerichtet.

Nach dem Spiel oder den Spielen, die über beliebig viele Stunden betrieben werden können, verbleibt der Spieler innerhalb des Raumes, und er kann, ohne diesen zu verlassen, wenn er will, unendlich weiter spielen, in diesen Spielen unendlich lange töten. Viele spielen für sich allein.

Und es ist alles andere als harmlos, dieses virtuelle Töten, es kann sehr nachhaltig zur Abstumpfung von Gefühlen kommen, die Technik des Tötens mit einer Waffe kann automatisiert werden. Wer also glaubt, er müsse – aus welchen Gründen auch immer – töten, ist durch solche Spiele „geschult" und hat seine Empathie verloren, denn nur dann wird er von der Vorstellung zur wirklichen Tat kommen.

Das grauenvolle Morden auf der norwegischen Insel Utøya, all das, was Überlebende berichteten, verlief auf gespenstische Weise wie ein virtuelles Töten, die Opfer waren junge Menschen, die ihr Mörder, planmäßig vorgehend, eiskalt niederschoss, und wer sich noch regte, wurde kaltblütig hingerichtet.

Niemand kann heute sagen, wann, ob und wie oft sich ein solches Blutbad wiederholen wird. Den tatsächlichen Einfluss virtuellen Tötens auf vorsätzliches Morden zu analysieren, ist sicher kompliziert, weil die individuelle Disposition jedes Täters seine Verhaltensmuster bestimmt.

Eine eigentlich einfache Frage bleibt: Gibt es wirklich Gründe, außer dem Gewinnstreben der Hersteller, die es unvermeidbar notwendig machen, dass immer neue Spiele, in ihrem Naturalismus immer perfekter, in denen gemordet und verreckt wird, als Unterhaltungsware hergestellt und öffentlich – mit viel Werbeaufwand – verkauft werden? Virtueller Mord, den man selbst verübt, als Unterhaltung – ist – auch wenn es antiquiert klingen mag – pervers. Wer dahin gebracht wird, sich zu unterhalten, indem er sich an der Zahl der Getöteten erfreut, wird oft genug ein Opfer, wie jeder Drogensüchtige, und ein potentieller Täter.

Der häufig zitierte Ansatz, das seien doch Ausnahmen, die übergroße Zahl der „Spieler" begehe nun mal keine Morde, mag statistisch gesehen seine Richtigkeit haben, greift aber entschieden zu kurz. Es geht hier keinesfalls um die Amokläufer allein, auch wenn zu beachten ist und bleibt, dass jeder Zugang hat und es nie eine Möglichkeit geben wird, vor dem Verkauf festzustellen, ob der Kaufende gefährdet ist. Es geht ebenso – vielleicht noch weit mehr – um die Tatsache, dass solche Spiele geeignet sind, die Gewaltbereitschaft zu vergrößern und um die kalte Brutalität, mit der andere Menschen – oft völlig grundlos – zusammengeschlagen, getreten oder gequält werden. Es ist doch wohl mehr als nur wahrscheinlich, dass es nicht nur einige wenige „Spieler" sind, deren Empathie stetig reduziert wird, es existieren zur Genüge gewaltbereite Gruppen, deren Mitglieder immer kurz vor einem Totschlag stehen oder selbst Opfer werden.

Dass Wandlungen in diesen psychosozialen Bereichen nicht über einen moralischen „Kodex" der virtuellen Medien allein erreicht werden können, ist selbstverständlich. Da sind Elternhaus, Schule, Soziokultur u. v. a. unersetzlich.

Wie viel Zeit viele Jugendliche (und Erwachsene) in der virtuellen Welt zubringen, mag schwer zu erfassen sein. Aber sicher ist, dass die Spanne von einer bis zu zahllosen Stunden reicht. Tendenz zunehmend.

VI. Nachwort

Nichts ist unmöglich!

Über eine dubiose Liaison von Politik, Justiz und Polizei

Der Fall Kirsten Heisig

Zu politisch motivierten Attentaten werden – vor allem dann, wenn in diese gewisse Dienste involviert sind – Strategien zu ihrer Vertuschung, mehr oder weniger gut inszenierte Verwirrspiele, gezielte Desinformationen, falsche Beschuldigungen von vermeintlichen Tätern sowie das Verschweigen von Zeugen, die die so genannte offizielle Version nicht zu bestätigen bereit sind, ebenso geplant, wie das Attentat selbst. Dass dies aber nicht etwa nur auf der „Königsebene" praktiziert wird, dafür ist die nachfolgend dokumentierte Ermittlung der Berliner Polizei und Justiz ein markantes Beispiel. Sicher eins von vielen anderen. Manchmal mag es ein Vertuschen von Ermittlungsfehlern sein, das die Ermittlungsergebnisse eine Straftat „aufklärt", die so nicht bzw. nicht einmal von dem der Tat Verdächtigten begangen wurde. Aber nicht gerade selten bilden politische – wie auch im weiteren Sinne persönliche – Gründe, den Ausgangspunkt für eine Untersuchung, die nur darauf gerichtet ist, dass politisch vorgegebene Ermittlungsergebnis zu „beweisen". Dass das nicht etwa nur in Staaten mit – sagen wir – labilen Rechtssystemen möglich ist, wird mit der Berliner „Mordsache Heisig" in beispielhafter wie erschreckender Weise bestätigt.

Kirsten Heisig war zu ihren Lebzeiten Jugendrichterin im Berliner Stadtbezirk Neukölln. Am 28. Juni 2010 wurde sie zum letzten Mal lebend gesehen. Am 3. Juli wurde sie in einem Stadtwald, dem Tegeler Forst, tot aufgefunden. Sie wurde 48 Jahre alt.
Als „Richterin Gnadenlos" hatte sie sich einen Namen gemacht, da sie nach dem Grundsatz vorging, dass Straftat und Verurteilung so zeitnah wie möglich erfolgen

müssten, damit die jugendlichen Straftäter die Folgen ihres kriminellen Handelns unmittelbar zu spüren bekämen.

Ebenso wichtig war es ihr, dass sie mit den Eltern der Kinder, die überwiegend einen so genannten „Migrationshintergrund" hatten, das Gespräch suchte, um mit diesen über Ursachen und präventive Maßnahmen zur Verhinderung von Straftaten junger Menschen zu sprechen.

Mit immensem Zeitaufwand, gemeinsam mit Bewährungshelfern, Sozialarbeitern und ihren Mitarbeitern, wurden diese Gespräche vorbereitet und durchgeführt. Mit türkischen und libanesischen Eltern bzw. den Oberhäuptern libanesischer Familienclans, Vertretern der beiden größten Gruppen unter den in Neukölln lebenden Migranten. Unterstützt wurde sie dabei besonders vom Neuköllner Bezirksbürgermeister Heinz Buschkowsy.

Zu diesem Zeitpunkt hatte sie die Arbeit an ihrem Buch „Das Ende der Geduld" beendet und war auf dem besten Weg – auch über die Medien – eine größere Öffentlichkeit zu erreichen, also endgültig aus der Anonymität herauszutreten.

Ihre Vorgesetzten im Justizapparat waren teilweise – vorsichtig gesagt – nicht immer mit ihrer jugendrichterlichen Arbeit wirklich einverstanden. In diesen Kreisen saßen ihre schärfsten Kritiker.

Worin bestanden aber nun ihre „Vergehen", die von ihren Chefs offensichtlich kritisch gesehen wurden? War es gar ihr Prinzip der umgehenden Verurteilung bei einer Straftat? Oder lag es daran, dass sie sich nicht einfügen wollte in die allgemeine „Praxis" der Berliner Justiz, die nicht nur, aber auch in Strafsachen bei Migranten nicht den besten Ruf hatte? Ging sie etwa mit ihrer Bereitschaft zum Dialog mit den Eltern zu weit? Gab es kein behördliches Interesse daran, dass ihr Beispiel Schule machen könnte?

Kirsten Heisig stand vor allem mit Mut und Konsequenz dafür, dass die Gesetze, die in Deutschland gültig sind, angewandt und durchgesetzt werden. Sie praktizierte als Jugendrichterin genau das, was von Fachleuten und Publizisten als eine der wichtigste Voraussetzung für die Integration von Migranten und ihren Kindern, gleich welcher ethnischen Herkunft und Religion, begründet wurde und wird. Sie tat das in einer Zeit, in der der Innensenator der Stadt Berlin der erschrockenen Öffentlichkeit verkündete, „dass es Straßen oder gar Viertel gäbe, wo sich nachts kein Polizist mehr hinwage."

Was er dagegen zu unternehmen gedachte, ließ er offen. Aber Kirsten Heisig, eine zierliche Frau, ging dahin, setzte sich mit Oberhäuptern von Clans, die über ihre Familien herrschten, die mit Frauen-, Drogenhandel und weiteren Straftaten in Verbindung gebracht wurden, auch noch in einen Saal, um ihnen klar zu machen, dass auch sie dafür Sorge zu tragen hätten, dass die Gesetze dieses Landes von ihnen eingehalten werden müssen.

Es darf also festgestellt werden, dass alles, was sie als Jugendrichterin tat (wobei nun nicht etwa alles, was sie tat, uneingeschränkt richtig gewesen sein muss), gegen „inoffizielle" Leitlinien von Politik und Justiz verstieß. Das waren vorrangig Fragen der religiösen Überzeugungen, da sich insbesondere der Islam mit Problemen des Terrorismus verbinden ließ – was natürlich in erster Linie ein Problem der inneren Sicherheit und nicht der Integration war und ist. Indirekt zielte die politische „Strategie" – ohne es natürlich so zu formulieren – auf Anpassung und nicht auf Integration, was sich unter anderem mit der destruktiven Debatte zur so genannten „Deutschen Leitkultur" belegen lässt.

Diese Frau stand zu ihren Überzeugungen und darüber hinaus kurz davor, diese über die Medien und ihrem Buch öffentlich zu machen.

Nun ist der Einwand berechtigt, dass all das mit dem Thema Attentate nichts zu tun hat, denn eins kann man ausschließen, dass Polizei oder Staatsschutz etwa gedungene Mörder ausgesandt haben, die Frau Heisig zum Schweigen bringen sollten.

Der Vorgang Kirstin Heisig ist – aus traurigem Anlass – ein exemplarisches Beispiel dafür, welche Folgen politische Entscheidungen haben, wenn Justiz und Polizei sie uneingeschränkt mittragen.

Neben Presseveröffentlichungen nutzt diese Betrachtung zum einen eine Dokumentation von Gerhard Wiesnewski*, eine schriftliche Auskunft des Generalstaatsanwaltes in Berlin auf Anfragen Gerhard Wiesnewskis, die dieser auf gerichtlichem Weg einklagen musste, und eine Dokumentation über Kirsten Heisig, die im Frühjahr 2011 im RBB gesendet wurde. Deren erste Besonderheit war, dass sie von zwei Journalistinnen des WDR, die offenkundig bestens mit den Berliner Verhältnissen vertraut waren, gedreht

---

* verheimlicht vertuscht vergessen Was 2010 nicht in der Zeitung stand; Knauer Taschenbuch Verlag 2011, Seite 202 ff *wurde. Berliner Publizisten verfügten sichtlich nicht über diese Qualität, oder sie waren sich im Klaren darüber, dass es zu viele offene Fragen gab, denen sie – wenn sie glaubwürdig bleiben wollten – nicht hätten ausweichen können. Die Interviews in dieser Dokumentation, so mit einstigen Mitarbeitern Kirstin Heisigs, mit dem schon genannten Bezirksbürgermeister Heinz Buschkowsky und der Schriftstellerin Monika Marohn, gaben durchaus interessante Aufschlüsse zur Person Kirrsten Heisig. Sie können aber schon deshalb nicht zum Gegenstand einer kritischen Analyse werden, weil solche Interviews in der Regel erheblich länger sind und nur in einigen Ausschnitten in den fertigen Film Eingang finden. Was alles sonst noch in diesen Gesprächen erörtert wurde, kann – da nicht veröffentlicht – nicht genutzt werden. Eher „ungewollt" liefert diese Dokumentation trotzdem aufschlussreiche Aussagen und Bilder.*

Diese umfangreichen Vorbemerkungen waren notwendig, um den politisch-juristischen „Hintergrund" im Bezug auf den überraschenden Tod von Kirsten Heisig zu erläutern, um ihn als die eigentliche Grundlage für die Art und Weise, wie die Ermittlungen dann tatsächlich vonstatten gingen, voranzustellen. Die einzige Möglichkeit, um die polizeilichen Ermittlungen in ihrem Ablauf ohne ständige Erklärungen zu untersuchen.

Wie bereits festgestellt, wurde Kirsten Heisig am 28. Juni letztmalig lebend gesehen. Sie war zur Arbeit erschienen, hatte Kontakt zu einem Fernsehprogrammgestalter gehabt. Als sie am 29. Juni nicht zur Arbeit erschien und sich nicht meldete, wurde am 30. Juni Vermisstenanzeige bei der Polizei erstattet. Soweit verlief alles korrekt.
Da Kirsten Heisig Richterin und dazu noch in der Öffentlichkeit bekannt geworden war, kann davon ausgegangen werden, dass danach die polizeiliche Suche begann, die allerdings unter Ausschluss der Öffentlichkeit vonstatten ging.
Bereits am 2. Juli, Kirsten Heisig war noch immer nicht gefunden worden, war im „Berliner Kurier" zu lesen: „Eine Entführung, überhaupt eine Straftat, schließt die Polizei aus".
Wie konnte die Polizei dies zu diesem Zeitpunkt überhaupt wissen? Und was könnte sie dazu bewogen haben, diese – durch nichts begründete – Behauptung in die Öffentlichkeit zu lancieren?
War es die edle Absicht, öffentlich Unruhe zu vermeiden angesichts der Tatsache, dass Kirsten Heisig vor allem in Bereichen mit „Migrationshintergrund" gearbeitet hatte? Im

Zusammenhang mit den Folgeereignissen gesehen, kann das bestimmt nicht der Grund für diese Fehlinformation gewesen sein.

Wollte man eventuelle Täter in Sicherheit wiegen? Wenn ja, hätte man dann auch nach ihnen fahnden müssen? Das ist aber eindeutig zu keinem Zeitpunkt geschehen. Fällt als Erklärungsversuch also ebenso und zweifelsfrei weg.

Hatte, was alles andere als undenkbar ist, die Polizei in Wahrheit einen anonymen Hinweis oder einen „Tipp" eines Informanten bekommen, diesen nicht weiter beachtet, war er irgendwo abgelegt worden, ohne dass irgendetwas zum Schutz von Kirsten Heisig unternommen worden war?

Wenn es so gewesen sein sollte, wäre das ein erster und erhellender Hinweis, warum zu diesem Zeitpunkt ein „Fremdverschulden", das heißt Mord oder Totschlag ausgeschlossen wurde.

Hatte Kirsten Heisig Feinde? Die wenigsten, die als Richter tätig sind, haben keine. Womit nicht gesagt ist, dass deshalb ihr Leben ständig bedroht ist.

Aber Kisten Heisigs Feinde finden sich unter denen, die sie verurteilt hatte, und deren Eltern und Verwandten. Der eingangs erwähnte Fernsehfilm liefert dafür zwei Belege: Ein jugendlicher Straftäter, der im Film befragt wird, sagt ganz am Ende des Gesprächs: „W i r haben sie gehasst." Wer mit „wir" gemeint ist, wird nicht einmal nachgefragt.

Bei Kenntnis der Traditionen und Mechanismen etwa von libanesischen Familienclans, es muss nicht einmal um Bandenkriminalität gehen, ist eindeutig klar, dass Kirsten Heisig bei den Gesprächen mit den Oberhäuptern solcher Clans ein nicht gerade kleines Risiko einging. Nicht deshalb, weil keine Bereitschaft zur Einsicht da war (auch die Entwicklung ihrer Zusammenarbeit mit türkischen Eltern brauchte Zeit, bis sie Erfolge zeitigte); hier gab es ein anderes Konfliktpotenzial: eine Frau kritisiert diese Oberhäupter (im Beisein ihrer Frauen), die im Clan niemand zu kritisieren wagen würde. Das war eine schwere Kränkung – nicht unbedingt für alle, aber bestimmt für einige der anwesenden Clan-Chefs.

Und alle Fragen der Ehre, insbesondere der Männer, haben im Islam prinzipiell einen außerordentlich hohen Stellenwert, der nicht wenige zur Waffe greifen lässt.

Und noch etwas – durchaus Bedrohliches – kam dazu. Diese Frau hatte keine Angst. Somit war die Wahrscheinlichkeit groß, dass sie die organisierte Kriminalität einiger der Clans öffentlich machen würde. Dann wäre zu befürchten gewesen, dass es für Polizei *und Justiz unumgänglich geworden wäre, sich intensiver um Aufklärung zu bemühen, was zur Folge hätte haben können, dass es beispielsweise auch zu Ausweisungen gekommen wäre.* * *Wirklich keine Motive?*

Kirsten Heisig, das belegt auch der genannte Film, hatte im Justizapparat Vorgesetzte, die durchaus als ernst zu nehmende Gegner ihrer Arbeitsweise bezeichnet werden können, Gegner also, die enge Verbindungen zur politischen Führung der Stadt gehabt hatten und noch haben dürften.

Eine Ermordung Kirsten Heisigs hätte ohne Zweifel unangenehme Konsequenzen gehabt. Nicht nur wegen der Frage, ob der Mord nicht hätte verhindert werden können. Sondern vor allem, weil Kirsten Heisig noch viel nachhaltiger ins Interesse der Öffentlichkeit geraten wäre, als Mahnung und Warnung. Sie hätte geehrt werden müssen, was ihren Gegnern vermutlich mehr als schwer gefallen wäre. Ein Selbstmord hingegen würde die ganze Aura dieser Frau zerstören.

Der Film dokumentiert das in einer Szene, als einer ihrer einstigen Mitstreiter sagt, dass er „sich von ihr im Stich gelassen fühle".

Die nachfolgende Schilderung der polizeilichen Ermittlungen lassen keinen anderen Schluss zu, als dass die Polizei von Beginn an — und so etwas kann nicht irgendein mittlerer Beamter veranlassen — keine andere Aufgabe hatte, als zu beweisen, dass es ein Selbstmord war. Damit kann davon ausgegangen werden, dass bereits die erste Pressemitteilung nicht ohne einen zwingenden Grund eine Straftat ausschloß.

Das besonders Infame dabei waren die Versuche, der Öffentlichkeit nahezulegen, dass dabei familiäre Konflikte eine Ursachen für den „Selbstmord" gewesen sein. Angebliche SMS-Texte, die genau das belegen sollen, tauchten auf, um dann schnell wieder zu verschwinden.

---

* In einem Beitrag im CICERO, Juli 2011, untersucht die Autorin Dorothea Jung in ihrem Beitrag „Im Namen der Sippe" die Arbeit der Friedensrichter unter muslimischen Einwandererfamilien, die sich zu großen Teilen unter Ausschluss der dafür per Gesetz zuständigen Justiz vollzieht. Sie nennt das „Paralleljustiz".

Das einzig verständliche Motiv für einen Selbstmord, nämlich dass Kirsten Heisig darunter schwer zu leiden hatte, dass mit ihrer Scheidung die mütterliche Bindung zu ihren Töchtern zerstört wurde oder dass ihre Töchter sich ihr inzwischen radikal verweigerten, kann weitestgehend ausgeschlossen werden. Wie einer ihrer Mitarbeiter im Film berichtet, unterbrach sie – zum Unwillen der Mitarbeiter – Beratungen, wenn ihr Handy klingelte und eine ihrer Töchter sie anrief. Geplant war ein Urlaub mit den Töchtern, der kurz bevorstand. Auch wenn eine solche Situation für beide Seiten alles andere als einfach ist und ernste Belastungen mit sich bringt, ist die Wahrscheinlichkeit, dass sich eine Mutter das Leben nimmt und damit ihre Kinder endgültig verlässt, mehr als gering. Was bei einer extremen Abweisung durch die Kinder nicht ausgeschlossen werden kann, war hier einfach nicht gegeben. (Und noch eins: wie viele Mütter in dieser bedrückenden Lage, entscheiden sich dann tatsächlich für einen Suizid?)

Es kann nur als bodenloser Zynismus bezeichnet werden, dass Polizei und Justiz nicht einmal den Versuch für notwendig hielten, einen Mord als Todesursache anzunehmen und zu untersuchen. Indizien dafür gab es hinreichend, wie zu belegen ist.

So wurde – auch ihren Töchtern gegenüber – die engagierte Jugendrichterin und ihre Arbeit buchstäblich demontiert bzw. diskreditiert*. Somit brauchte niemand aus Politik und Justiz sie und ihre Arbeit zu würdigen.

Sicher ist zweifellos, dass von Anbeginn nur ein Selbstmord untersucht wurde. Selbst wenn auch hier nach wie vor gültig ist, dass auch ein Selbstmord erst dann ein Selbstmord ist, wenn er bewiesen ist. Wichtige Belege dafür fehlen – es gibt weder einen Abschiedsbrief, noch wurde nach Zeugen gesucht, die sie am Abend des 28. Juni gesehen haben könnten, es gibt kein überzeugendes Motiv, es gibt keinen forensischen Beweis für einen Selbstmord, und der psychoanalytischer Dilettantismus, der einen jähen psychischen Absturz vermutet, ist nichts weiter als eine – heute in der Zeit telegener Ferndiagnosen übliche – unverantwortliche „Deutung".

---

* In der genannten Fernsehdokumentation sagt der um Erklärungen aufgeforderte Bezirksbürgermeister Buschkowsky, der jahrelang mit ihr zusammengearbeitet hatte, sinngemäß, dass es wohl zwei Kerstin Heisigs gegeben hätte. Im Klartext bedeutet das aber, dass Kerstin Heisig schizophren gewesen wäre. Widerspruch dagegen wird nicht einmal angedeutet.

Am 3. Juli wird die tote Kirsten Heisig in einem Waldstück am Elchdamm von einer Polizistin gefunden. Und, wie eigentlich nicht anders zu erwarten, findet die Polizei am Todesort „keine Hinweise auf Fremdverschulden". Was die Staatsanwaltschaft, entgegen jeder Logik, als Ergebnis der Obduktion bekräftigt. Wer da etwa dachte, dass kriminalistische Ermittlungen analytisch und unter der Beachtung aller Tatumstände Beweise suchen und finden, erfährt nun, dass genau das hier absolut überflüssig war.

Es muss also offenkundig eine politische Entscheidung gegeben haben, die den Tod Kirsten Heisigs als Selbstmord dekretierten.

Die polizeiliche Suche nach dem 30. Juni war mit großem Aufwand betrieben worden, Hundertschaften, Hubschrauber, Wärmebildkameras wurden – erfolglos – eingesetzt, auch in dem Stadtwald, wo Tage später die Tote gefunden wurde. Es nimmt deshalb nicht wunder, dass auf die Frage, warum die Tote nicht schon eher gefunden worden sei, die Erklärung angeboten wird, dass die Beamten mit ihren Taschenlampen den Boden abgesucht hätten und deshalb die Tote nicht hätten sehen können. Aber – laut Auskunft des Generalstaatsanwaltes berührten Füße und Knie der Toten den Boden. Die Beamten hatten also genau dort mit ihren Lampen gesucht, wo sich die Tote befand. Nur gefunden hatten sie diese nicht.

Was wohl, geht man davon aus, dass die Beamten – wie immer wieder im Fernsehen zu sehen – systematisch und gründlich suchen, eindeutig dafür spricht, dass die Tote sich zu diesem Zeitpunkt noch nicht am späteren Fundort befand – bei einem Selbstmord zwar nicht völlig auszuschließen. Es darf ja auch die Möglichkeit nicht unbeachtet bleiben, so unwahrscheinlich sie auch sein mag, dass ein zweiter einen Selbstmörder an einen anderen Ort bringen könnte. Nur ist das in diesem Fall, d. h. so wie die Tote gefunden wurde, mehr als unwahrscheinlich. Die Ermittler nahmen diesen Umstand offenkundig sehr gelassen.

Laut Auskunft des Generalstaatsanwaltes von Berlin wurde am Fundort festgestellt, dass die Tote vor ihrem „Selbstmord" ein Seil über einen Ast geworfen haben und dasselbe verknotet und zu einer Schlinge geknüpft haben muss, wonach sie sich am Boden kniend die Schlinge um den Hals gelegt und sich mit ihrem eigenen Körpergewicht (das durch die kniende Haltung noch verringert wurde) stranguliert habe. Der Todeskampf hätte daher lange und eindeutige Spuren am Boden hinterlassen haben müssen. Ein außerordentlich qualvolles Sterben, was weit eher gegen einen Selbstmord spricht als dafür. Leider gibt es noch einige andere Möglichkeiten sich umzubringen, die meisten führen schneller zum Tod. Ganz abgesehen davon, dass der Bodenkontakt der Füße es möglich macht, den Selbstmordversuch abzubrechen.

An der Untersuchung am Fundort waren insgesamt sieben Personen beteiligt. Die Auskunft des Generalstaatsanwaltes enthält keinen Hinweis auf eine Spurensuche, die stattgefunden hätte, bevor sich diese sieben Personen unmittelbar bei der Toten aufhielten. Danach wäre allerdings eine Spurensuche tatsächlich überflüssig geworden. Das Seil wurde durchgeschnitten, der Fahrer der Gerichtsmedizin hielt den Körper und zwei Mann trugen ihn ohne Schutzkleidung zum Wagen, mit dem die Tote in die Gerichtsmedizin gefahren wurde. Diese Auskünfte belegen im Grunde genommen nur eins, dass auch diese Untersuchungen am Fundort den Tod Kirsten Heisigs wie einen bereits erwiesenen Selbstmord behandelten.

Es gab keinerlei Versuche zu klären, warum die auf dem Boden kniende Tote, die tagelang sommerlichen Temperaturen ausgesetzt war, was zu einer beschleunigten Verwesung führte, in einem lichten Stadtwald – die ersten Häuser befanden sich etwa 70 Meter entfernt – von niemandem gesehen worden war und warum keiner der in der fraglichen Zeit im Waldstück ausgeführten Hunde reagiert hatte.
Eine Befragung der Menschen, die diesen Stadtwald in diesem Zeitraum besucht hatten, wird nicht erwähnt, wurde wohl als überflüssig angesehen, wo doch alles so eindeutig der Anfangsfeststellung entsprach. Sie hätte allerdings zum Ergebnis haben können, dass einige der Besucher eindeutig erklärt hätten, dass sie an den Tagen zuvor auch an diesem Baum vorbeigegangen wären, dort aber eben keine Tote gesehen hätten… Damit wäre zwingend verbunden gewesen, die Ermittlungen unter neuen Erkenntnissen weiterzuführen.

Die Ergebnisse der Obduktion brachten vor allem Erkenntnisse, dass die Selbstmordannahme der Polizei zutreffend gewesen sei.
Die erheblichen – durch die unglaublich einseitige polizeiliche Ermittlungsarbeit verursachten – Versäumnisse wurden lange nicht wirklich öffentlich, sieht man von Gerhard Wiesnewskis Recherchen und der von ihm erzwungenen Auskunft des Generalstaatsanwalts ab.

Als einzige Indizien für einen Selbstmord blieben die Tatsachen, dass Kirsten Heisig am 28. Juni bei ihrer Rechtsanwältin war, um ihr die Stelle, wo sie begraben werden wollte, mitzuteilen. Und dass sie in einer Apotheke ein Rezept für Antidepressiva einlöste; die Tabletten wurden in ihrem Magen gefunden.

Es muss natürlich nicht zwingend ein Zufall gewesen sein, aber kaum jemand wird seinen Wunsch nach einem bestimmten Ort für seine Bestattung festschreiben lassen, weil er plant Selbstmord zu begehen. Gerade Selbstmörder, die ihren Tod beschlossen haben, werden genau das nicht tun, um auf ihrem Weg nicht doch noch aufgehalten zu werden. Als Indiz ist das also alles andere als wirklich aussagekräftig. Was die Tabletten betrifft, bleibt festzustellen, dass Tabletten auch auf andere Weise in den Magen gelangen können. Und ebenso, dass Antidepressiva unter anderem deshalb verschrieben werden, damit der Betroffene mit einer für ihn schwierigen Situation besser zurechtkommen kann und es nicht zu Kurzschlusshandlungen kommt.

Wenn es kein Selbstmord war, dann war es die Arbeit von professionell arbeitenden Tätern, deren Mord an Kirsten Heisig nicht aufgeklärt werden konnte, weil es Politik, Justiz und Polizei offenkundig nicht wollten, denn eine Ermittlung in dieser Richtung wäre auf jeden Fall nicht nur gerechtfertigt, sondern eigentlich zwingend gewesen. So bleibt als Fazit nur die Feststellung, dass der Ruf Berlins, eine Stadt zu sein, in der Politik und Justiz im Verbund mit der Polizei ein dubioses Verhältnis pflegen, seine Berechtigung haben dürfte…

Das ernüchternde Fazit: War es ein Mord, wofür eine Fülle von Indizien vorhanden waren, verhinderten Polizei und Justiz vorsätzlich seine Aufklärung, indem sie völlig unbegründet einen Selbstmord „festlegten" und damit jede — eigentlich objektiv notwendige — Ermittlung unterließen. Eine Ermittlung in diese Richtung wäre auch dann notwendig gewesen, wenn in deren Ergebnis die Beweise dafür vorgelegt worden wären, dass es sich definitiv nicht um einen Mord gehandelt hätte.

VI. Literatur- und Quellenübersicht

„Das Attentat in der Geschichte", Herausgegeben von Alexander Demandt, Böhlau Verlag, Köln, 2004

James McPherson: „Für die Freiheit sterben" Die Geschichte des amerikanischen Bürgerkrieges, Anaconda, 2011 (Lizenzausgabe List, 2004)

Ploetz, A. G.: Auszug aus der Geschichte; Leipzig, Selbstverlag, 1925

Die neue Chronik des 20. Jahrhunderts Tag für Tag in Wort und Bild; Chronik Verlag, im Bertelsmann Verlag, Gütersloh/ München 1999

Kleine Enzyklopädie Weltgeschichte; VEB Bibliographisches Institut, Leipzig, 1966

Baumann, Wolf-Rüdiger/ Fochler-Hauke, Gustav: Biographien zur Zeitgeschichte seit 1945; Fischer Taschenbuch Verlag GmbH, Frankfurt/ Main, 1985

Zeitschriften

CICERO Magazin für politische Kultur; Ringier Publishing GmbH, Berlin

DAMALS Das Magazin für Geschichte; Konradin Medien GmbH, Leinefeld Echterdingen

GESCHICHTE Menschen Ereignisse Epochen; Sailer Verlag, Nürnberg

HORIZONT (Zeitweilig in der DDR erschienene außenpolitische Zeitschrift)

WOCHENPOST (Langjährig in der DDR erschienene Wochenzeitschrift)

Wilhelm Dietel: Spy Ladies; Ullstein Buchverlag GmbH, 2006

Robert Conquest: DER GROSSE TERROR; Langen Müller in der F. A. Herbig Verlagsbuchhandlung, München 1992

Nikita Chrustschow: Über den Personenkult und seine Folgen; Geheimrede auf dem XX. Parteitag der KPdSU 1956; Dietz Verlag, Berlin 1990

Anatoli Iwanow: Logik des Albtraums (Logika koschmara), Verlag Russki Westnik, Moskau 1993; die deutsche Übersetzung wurde im Internet veröffentlicht)

Hélène Carrière d'Encausse: Lenin; Piper Verlag, München Zürich, 2000

Reed, John: 10 Tage, die die Welt erschütterten; Dietz Verlag Berlin, 1957

Medwedew, Roy: Das Urteil der Geschichte; 3 Bände, Dietz Verlag Berlin, 1992

Bertrand M. Patenaude: Trotzki Der verratene Revolutionär; Propyläen, Ullstein Buchverlag GmbH, Berlin, 2010

Christian Graf von Krockow: Eine Frage der Ehre: Stauffenberg und das Hitlerattentat vom 20. Juli 1944, rororo Taschenbuch Verlag, Hamburg, 2004

Detlef Bald: Die „Weiße Rose". Von der Front in den Widerstand; Aufbau Tb, Berlin, 2004

Kurt Finker: Graf Moltke und der Kreisauer Kreis; Dietz Verlag, Berlin 1993

Stefan Roloff (mit Mario Vigl): Die Rote Kapelle; Ullstein Verlag, Berlin München 2002

Lea Rabin: Ich gehe weiter auf seinem Weg. Erinnerungen an Jitzchak Rabin; Droemer Knaur, Taschenbuchverlag, 1998

Stefan Aust: Der Bader Meinhof Komplex; Droemersche Verlagsanstalt Th. Knauer Nachf., München 1989

Der Koran; Verlag Philipp Reclam jun., Leipzig 1970

Charles Le Gai Eaton: Der Islam und die Bestimmung des Menschen, Diederichs/ Hugendubel 2000

Peter Scholl-Latour: Weltmacht im Treibsand; Lizenzausgabe Verlagsgruppe Weltbild, Augsburg 2004

John F. Kennedy – eine Bildbiographie; Gedenkband des Burdaverlages, Offenburg, o. J.

Tim Weiner: CIA Die ganze Geschichte; Fischer Taschenbuch Verlag, Frankfurt/M., 2009

Jim Garrison, Wer erschoß John F. Kennedy?; Bastei-Lübbe, 1992

Mathias Bröckers und Christian C. Walther: 11.9., zehn Jahre danach; Der Einsturz des Lügengebäudes; Westend Verlag, Frankfurt/ Main2011

Paul Schreyer: Inside 9/11 Neue Fakten und Hintergründe; Kai Homilius Verlag, 2011

Zeitschriften Archiv Wieland Becker

Wikipedia – für Recherchen von Daten und Fakten

Bildnachweis:

Archiv/ Repro Seite 12 bis 102; Ullstein Seiten 79 und 141; ddp images GmbH
Seiten 171, 186 und 195, Grafische Darstellung Seite 163 Uta Fernsler;

VII. Ausgewählte Kurzbiographien

Berija, Lawrentij Pawlowitsch (geb. 1899 – erschossen 1953), von 1921 bis 36 Polizeifunktionär und 1. Parteisekretär in Transkaukasien und Georgien, ab 1938 Volkskommissar für Inneres, Vertrauter Stalins und verantwortlich für die Massenrepressalien des NKWD ab 1938; Marschall der Sowjetunion seit 1945, weitere führende Funktionen in der KPdSU und im Staatsapparat; 1953 von Chrustschow entmachtet, zum Feind erklärt und hingerichtet;

Jagoda, Genrich Grigorjewitsch (geb. 1891 – erschossen 1938), langjähriger Offizier der Tscheka, 1929 als stellvertr. Vorsitzender des jetzt GPU genannten Geheimdienstes verantwortlich für die Deportationen der Bauern während der Zwangs-Kollektivierung, bis zum ersten der drei „Großen Prozesse" Chef des NKWD (zuvor GPU), 1937 verhaftet und im dritten Prozeß zum Tode verurteilt;

Jenukidse, Awel Safronowitsch (geb. 1877 – erschossen 1937), seit 1903 Bolschewik, von 1924 – 1934 ZK-Mitglied, galt anfangs als Mann Stalins, später widersetzte er sich dessen Diktatur, 1937 verhaftet und in einem Geheimprozeß zum Tode verurteilt;

Jeschow, Nikolai Iwanowitsch (geb. 1895 – erschossen 1940), Parteifunktionär, Stalin machte ihn 1936 zum Chef des NKWD, hauptverantwortlicher Organisator aller wichtigen Prozesse und Massen-repressalien, die Bezeichnung „Jeschowtschina" für diese schrecklichen Jahren geht auf ihn zurück), 1938 abgesetzt und 1940 liqidiert (mit ihm alle führenden Mitarbeiter des NKWD);

Kamenew (eigentl. Rosenfeld), **Lew Borissowitsch** (geb. 1883 – erschossen 1936), langjähriger führender bolschewistischer Politiker, Vertrauter Lenins, 1917 bis 1927 Mitglied des ZK, paktierte anfänglich noch mit Stalin gegen Trotzki, verlor danach ab 1925 alle Partei- und Staatsämter, im ersten der drei „Großen Prozesse" 1936 als Mörder Kirows zum Tode verurteilt;

Molotow (Skrjabin), **Wjatscheslaw Michajlowitsch** (1890 – 1986), seit 1906 Bolschewik, von 1921 bis 1957 Mitglied des ZK, von 1921 – 30 Sekretär des ZK, 1926 – 57 Mitglied des Politbüros, 1930 – 49 Vorsitzender des Rats der Volkskommissare, 1939 – 49 und 1953 – 56 Außenminister, galt als der fähigste Mitarbeiter unter Stalin und diente ihm treu, auch nachdem Stalin seine Frau Polina verhaften und einsperren ließ, fiel dann doch in Ungnade, wurde 1957 aller Ämter enthoben und 1962 aus der KPdSU ausgeschlossen;

Sinowjew, Grigorij Jewsejewitsch (geb. 1883 – erschossen 1936), seit 1901 Bolschewik, enger Mitarbeiter Lenins, ab 1919 Mitglied des Politbüros, nach

Lenins Tod anfänglich auf Seiten Stalins, bald in Opposition zu diesem, 1926/ 27 Verlust aller Parteifunktionen, in einem ersten Prozeß gemeinsam mit Kamenew zu 10 Jahren Gefängnis, im ersten der drei „Großen Prozesse" zum Tode verurteilt;

Woroschilow, Kliment Jefremowitsch (geb. 1881 – 1969), seit 1903 Bolschewik, 1917 führend am Aufbau der Tscheka beteiligt, von 1926 – 52 Mitglied des Politbüros, 1925 – 40 Volkskommissar für Verteidigung, seit 1935 Marschall der Sowjetunion, treuer Parteigänger Stalins, der ihn aber nach dem Desaster im finnischen Winterkrieg als Volkskommissar ablöste, Befehlshaber an verschiedenen Fronten ohne besondere Meriten, 1946 – 53 Ministerpräsident, bis 1966 Mitglied des Präsidiums des Obersten Sowjets (Volksvertretung), 1966 dann von Chrustschow entmachtet, schon 1969 rehabilitiert;

Anmerkungen zur Entwicklung und den Strukturen des Geheimdienstes der Sowjetunion

WeTscheKa meist **Tscheka** ist die Abkürzung für die Außerordentliche Allrussische Kommission zur Bekämpfung von Konterrevolution, Spekulation und Sabotage. Sie wurde am 20. Dezember 1917 gegründet.

Das **NKWD** (Innenministerim) bestand unter diesem Namen von 1934 bis 1946 1922 wurde aus der Tscheka die **GPU** des NKWD (RSFSR) und wurde damit eine Abteilung des Innenministeriums der Russischen Förderativen Sowjetrepublik; 1923 war sie als „All-Unions GPU" (OGPU) für alle Sowjetrepubliken zuständig. 1934 wurde aus dem NKWD der RSFSR das All-Unions-NKWD (der Name GPU oder OGPU wurde von da an bis 1941 nicht mehr genutzt… Das NKWD war verantwortlich für den Massenterror der 30er Jahre, für die Vorbereitung der drei „Großen Prozesse" und für die „Gulags" (das NKWD war mit dem Einsatz der Millionen von Häftlingen als Zwangsarbeiter der gößte Arbeitgeber der UdSSR).

Leiter des Geheimdienstes waren

Alexei Iwanowitsch Rykow (1917–1918), hingerichtet 1938;
Felix Edmundowitsch Dserschinski /Dzierżyński/ (1917–1920, Staatssicherheit (TSCHEKA) und (1920–1923, Inneres und Staatssicherheit (TSCHEKA, GPU), danach bis 1926 nur Staatssicherheit
Alexander Georgijewitsch Beloborodow (1923–1927)
Wjatscheslaw Rudolfowitsch Menschinski (1927–1934, Inneres und Staatssicherheit (OGPU), Genrich Georgijewitsch Jagoda (1934–1936/

hingerichtet 1938), Inneres und Staatssicherheit (NKWD), Nikolai Iwanowitsch Jeschow (1936–1938/ hingerichtet 1938), nur Staatssicherheit (NKWD), Filaretow (1936–1938) nur Minister für Inneres
Lawrenti Pawlowitsch Beria (1938–1941, Inneres und Staatssicherheit (NKWD), (1941–1945, Inneres und Staatssicherheit (NKWD, NKWS) hingerichtet 1953